TREIZE SEMAINES

Ouvrage dirigé par Alice Serverin
Image de couverture : © Manuel Braun
Couverture : Marion Rosière

34-36 rue La Pérouse
75116 Paris
www.hugoetcie.fr

ISBN : 9782755644692
Dépôt légal : avril 2020
Imprimé en Espagne par CPI Blackprint

MORGANE
ENSELME

TREIZE SEMAINES

Hugo Doc

Afin de préserver leur anonymat, les noms des salariés d'Endemol ont été modifiés.

Prologue

J'avais quatorze ans quand mon père m'a expliqué qu'il avait deux passions dans la vie : la littérature et la féminité. Et que de ce fait, il menait une double vie. Dans la première, il était celui que je connaissais et s'appelait Philippe. Dans la seconde, il s'appelait Brigitte.

Nous étions en septembre 2004, dans le deux-pièces parisien que nous occupions tous les trois, mes parents et moi. C'était un après-midi, ma mère était encore au travail.

Depuis mes neuf ans, je savais ce qu'était un transsexuel, un travesti ou une drag-queen et je savais aussi que mon père en connaissait. Des années plus tôt, il avait monté une association dans laquelle il écrivait des sketchs et faisait du théâtre avec des trans colombiennes, brésiliennes, thaïlandaises… et les aidait à améliorer leur français. Enfin, ça, c'était la version officielle.

Jusqu'à cet après-midi-là, où il m'a tendu un album photo en me disant :

– Tiens regarde, c'est Brigitte, la nouvelle du groupe.

Je les connaissais toutes dans la bande. Certaines avaient été mes baby-sitters quand j'étais petite. Je les avais vues se faire draguer par des hommes lorsqu'on allait manger des glaces ou jouer au flipper. J'ai grandi en ayant conscience du fait que le genre n'est pas une donnée de type un ou deux et ne se limite pas à notre enveloppe physique. C'est une part de notre identité. Et ce que nous sommes en tant que personne s'étend bien au-delà de notre apparence.

J'ai pris l'album photo, inconsciente de son contenu et du fait qu'il allait changer ma vie, simplement curieuse de découvrir cette Brigitte. Première photo, rien à signaler. Je vois une femme aux cheveux bouclés, assise sur une moto, en talons aiguilles. Deuxième photo, toujours rien de spécial, ma vie reste la même. Je découvre une femme en tailleur qui tient une batte de baseball. Et c'est en arrivant à la troisième photo, où l'on voit Brigitte légèrement de profil, que cet album m'a révélé qu'il connaissait ma famille mieux que moi. J'ai d'abord reconnu un nez : *Tiens, elle a le même que mon père.* Puis, une fois ce premier élément identifié, le visage de mon père est apparu par surprise sur toutes les photos de Brigitte. Le sourire, également, était le même. J'ai relevé la tête vers Philippe, qui se tenait en face de moi, et en montant dans les aigus comme pour atteindre le sommet de la surprise humaine, je me suis exclamée :

– Mais c'est toi ?!

Il a éclaté de rire, emporté par l'aspect comique de la situation. Mais il est revenu aussitôt à lui, bien conscient du caractère décisif de cet instant, et m'a tout de suite expliqué :

– Je sais que je suis un garçon physiquement et je sais que je suis ton papa. Ta mère et toi, je vous aimerai toujours plus que tout et pour moi, vous êtes ce qu'il y a de plus important au monde. Sachant cela, j'ai deux grandes passions, les lettres et la féminité. J'ai créé le personnage de Brigitte il y a longtemps, bien avant de rencontrer maman, afin de pouvoir assumer la part de féminité qu'il y a en moi, et elle fait partie de ma vie. Si je ne te l'ai pas dit avant, c'est parce qu'il y a beaucoup de choses qui se construisent dans la jeunesse et que je ne voulais pas perturber ton développement.

C'était beaucoup d'informations à la fois, mais j'avais entendu le plus important : qu'il s'agisse de Brigitte ou de Philippe, je resterais précieuse et aimée. Une fois qu'un père promet à sa fille qu'il l'aimera toujours, tout est dit. Et après avoir reçu cette certitude, j'ai bien pris la nouvelle. Je n'avais pas peur. Je n'étais pas choquée ni en colère. J'étais curieuse. Et j'avais plein de questions.

– Et maman, elle sait ?

– Maintenant, oui. Je le lui ai dit il y a quelques semaines.

– Elle n'est pas fâchée ?

– Non, ça va.

– Et ça fait longtemps ? Tu l'as su à quel âge ?

– Très jeune. Quand j'avais cinq ans, je jouais dans le grenier et j'ai découvert un coffre avec des robes de ma mère. Je les ai trouvées magnifiques. J'en ai sorti une, en dentelle, et quand je l'ai touchée, j'ai été comme électrisé. J'ai eu des frissons dans tout le corps et depuis ce jour, j'ai été fasciné par la féminité.

– Et après ?

– Et après, bon, en grandissant j'ai vu que ce n'était pas commun… Que les autres garçons n'étaient pas comme moi à l'école, donc j'ai gardé le secret. J'aimais aussi être un garçon, j'ai fait plein de sports. Mais j'ai caché cet aspect-là de moi et j'ai trouvé refuge dans la littérature, où le travestissement n'est pas un problème. Il y a plein de références : le chevalier d'Éon, Achille déguisé en femme dans l'*Iliade* ou Athéna qui apparaît en homme dans l'*Odyssée*, et au théâtre je n'en parle même pas… Tout le monde se travestit chez Shakespeare ou Marivaux.

– Ah… C'est pour ça que tu aimes autant les livres ?

– Peut-être que ça joue. Mais au cinéma aussi, il y a des films dont les héros se travestissent, dans *Mrs. Doubtfire*, *Tootsie*, *Certains l'aiment chaud…*

J'adorais *Mrs. Doubtfire*. J'ai compris depuis que l'art était le refuge ultime de l'humanité. Il offre un espace où l'on peut exister et ressentir franchement. Un lieu inviolable de liberté émotionnelle. Parfois le seul possible.

Dans tous les exemples cités par mon père, il s'agissait de travestis et non de transsexuels. Une nouvelle question s'imposait.

– Tu vas te faire opérer ?

– Non, je ne ressens pas le besoin de changer de sexe. J'aime autant mon côté féminin que masculin. C'est bien pour ça que j'ai une double vie et que je ne veux pas choisir entre Philippe et Brigitte.

– D'accord. Mais comment t'as fait pour qu'on ne s'en rende pas compte, tu fais ça quand ?

– En fait, j'ai un deuxième appartement pour ma vie de Brigitte. C'est là que j'ai mes affaires de femme, mon maquillage, mes bijoux… C'est important pour moi de séparer les deux. Les gens qui connaissent Brigitte ne connaissent pas Philippe et vice versa.

Je commençais à recoller les morceaux. Mon père étant journaliste de profession, il était fréquent qu'il parte plusieurs jours en reportage. J'ai compris que certaines de ces missions étaient en fait ses moments dans la peau de Brigitte.

Sur ce point-là uniquement, je me suis sentie un peu blessée car techniquement, il nous avait menti. Mais par la suite, j'ai balayé cette idée. Il avait dû concilier sa dualité de genre et sa vie de père. Il fallait qu'il se protège lui-même tout en nous protégeant. Je pouvais comprendre que ça n'avait pas été facile et qu'il avait fait au mieux. De plus, j'avais une impressionnante collection de cartes postales, reçues tout au long de mon enfance, chaque fois qu'il était en « reportage ». Ce qui prouvait qu'il avait pensé à moi et m'avait aimée, où qu'il se trouve et quel que soit son prénom du moment. Je lui ai donc donné un joker pour les mensonges.

Arrivée à la fin de mes questions, j'ai refermé l'album photo ainsi que la discussion et je suis retournée dans ma chambre, soudain accompagnée d'un sentiment d'euphorie. Ma plus grande crainte à l'époque, c'était d'avoir une vie banale et ennuyeuse. J'avais peur d'arriver devant la mort en me demandant si j'avais assez vécu et assez aimé. Soudain, mon père m'annonçait qu'il avait une autre vie dans laquelle il s'appelait Brigitte Boréale. Je venais de gagner à la loterie. Je me suis dit : *Oui ! Ça y est ! Maintenant j'ai quelque chose qui rend ma vie extraordinaire !* et j'en ai été fière instantanément.

L'autre raison pour laquelle mon père a fait son coming out en 2004, c'est qu'il venait d'être embauché comme chroniqueuse transgenre et hyper cultivée sur Pink TV, une chaîne privée LGBT. Il intervenait dans une quotidienne présentée par Christophe Beaugrand et produite par Michel Field, dans laquelle il réalisait des billets d'humeur et des chroniques sportives. Il aurait pu préférer la sécurité de son secret mais il a tout risqué en s'exposant pour défendre la cause LGBT. Pour faire évoluer l'image du troisième genre, limitée en 2004 à *Chouchou* et *Samantha Oups*. Cette année-là, j'ai suivi Brigitte sur les plateaux de télévision, j'ai trinqué avec elle et ses copines transgenres et j'ai appris à connaître cette nouvelle personne qui entrait dans mon existence.

Un nouveau monde se présentait et je l'ai accueilli avec joie. Mon père me donnait un exemple vibrant de liberté. J'ai pris des notes. J'ai appris que ce n'était pas parce qu'on ne rentrait pas dans une case toute faite qu'on avait tort. Que dans notre pays des droits de l'homme, on pouvait encore progresser en termes de liberté, d'égalité et de solidarité (un terme auquel les femmes peuvent aussi prétendre, contrairement à celui de fraternité).

J'ai remercié intérieurement mon père de me faire assez confiance pour me présenter Brigitte. De me donner une chance de la connaître et de l'aimer. De partager son univers avec moi.

C'était le début d'une vie hors du commun, et ça ne faisait que commencer.

Casting surprise

Sept ans après cette révélation, j'avais vingt ans et terminais ma troisième année de droit à la Sorbonne. Je m'étais enfermée pendant deux mois pour réviser mes partiels. Je voulais être sûre d'obtenir mon diplôme car j'avais décidé d'arrêter le droit. Je voyais bien l'ironie de la situation : je n'avais jamais autant bossé le droit qu'en essayant d'y échapper.

Dans ces cours, on nous apprenait que les juges ne tranchaient pas forcément en fonction de l'équité mais en fonction de la formulation des textes de loi et des arguments qui leur étaient présentés. On faisait des exercices basés sur des procès historiques. Par exemple celui d'un père de famille souffrant d'un cancer du poumon contre un fabricant de cigarettes, en 1954. On se mettait en groupes et on piochait un papier pour savoir qui on allait défendre. J'avais tiré la compagnie de cigarettes. J'avais dû utiliser des analyses venant d'experts payés par la compagnie affirmant qu'il n'était pas absolument certain que la cigarette avait des effets négatifs sur la santé. Que la corrélation n'était pas établie à cent pour cent. Que le père de famille n'avait pas eu une hygiène de vie exemplaire. Bref, de la mauvaise foi. Et pour avoir une bonne note, il fallait que je sois de mauvaise foi.

Je voulais me réorienter en journalisme. Je voulais écrire et avoir un impact positif sur la vie des gens.

Participer à une téléréalité n'était pas dans mes plans. J'avais déjà trouvé un job d'été pour juillet et j'en étais fière : hôtesse dans la caravane du Tour de France. Un travail qui consiste à porter un uniforme, monter dans une voiturette colorée et distribuer des cadeaux publicitaires au public qui attend les cyclistes au bord des routes. Je n'imaginais pas du tout que j'étais à un mois de devenir candidate de l'émission *Secret Story*, la téléréalité la plus longue et la plus suivie de France en 2011.

Je ne savais pas que je resterais treize semaines sur quatorze dans l'émission et que j'arriverais en demi-finale. Que ce serait une aventure à la fois magnifique et horrible. Que huit ans plus tard, à la fin de ma clause de confidentialité, je reviendrais sur le pire et le meilleur de cette expérience dans une vidéo YouTube qui serait vue par trois millions de personnes en deux semaines et provoquerait une prise de conscience collective. Mais avant de pouvoir raconter cela, tout commence par un casting et par un producteur prodigieusement habile.

Alors, comment me suis-je retrouvée à passer le casting de l'émission ? Et comment Endemol, la société qui la produit, m'a-t-elle convaincue d'y participer ?

Pour ceux qui ne connaîtraient pas l'univers de la télévision comme leur poche, il faut savoir qu'en téléréalité, il y a un double système de casting : d'un côté, les candidatures spontanées, où des gens envoient leur dossier pour participer. De l'autre, les recherches internes, également appelées

« recherches journalistiques », où des casteurs repèrent des candidats potentiels en explorant articles de presse, émissions de télévision, réseaux sociaux, etc., à l'affût de profils intéressants.

Qu'est-ce qu'un profil intéressant, exactement ? Un mélange de traits exploitables à l'écran. Des fous qui se damneraient pour passer à la télévision, les casteurs en voient tous les jours. Ils veulent plus que ça. Ils cherchent une petite étincelle. J'ai remarqué qu'il y avait cinq caractéristiques particulièrement recherchées chez les candidats.

Un physique de rêve. Les personnes concernées doivent vraiment être des bombes et ne pas avoir peur d'en jouer. Cela peut sembler facile mais il ne faut pas oublier qu'on passe à la télévision et que tout le monde nous voit et nous juge.

Une histoire de vie incroyable. Il leur faut du spectaculaire, de l'intrigant. Un petit accident de voiture ou une fracture en faisant du sport ne suffisent pas.

Un duo ou un trio. Les ex, les couples, les frères et sœurs sont particulièrement prisés car ils apportent une histoire préexistante qui pourra être mise à l'épreuve pendant l'émission. Vous avez remarqué que les gens qui entrent en couple sont étrangement placés dans des maisons séparées dès que possible ? Que l'on donne un challenge à l'un d'entre eux avec un autre partenaire hyper séduisant ? Le plus jaloux des deux est ensuite isolé et doit observer, impuissant, son conjoint se rapprocher de quelqu'un d'autre. Tout ça pour finir par les nominer l'un contre l'autre et que le meilleur gagne. Spécialité de la maison.

Une personnalité intéressante. Les casteurs ont besoin de gens faciles à vivre autant que de gens insupportables, car une maison peuplée uniquement de grosses têtes tournerait à la mutinerie. Ils savent quels profils recruter pour qu'il y ait des clashs, des couples et des gens à qui le public s'identifie… Chaque participant vient remplir une case.

Un don ou une capacité spéciale. C'est dans cette catégorie que se rangent les activités ou talents spéciaux des candidats : voyance, mentalisme, titres sportifs…

Dans la saison 5 de *Secret Story*, qui était ma saison, il y avait environ 30 % de candidats spontanés et 70 % de candidats castés sur recherches journalistiques. Mais même lorsqu'on est repéré par la production, on nous fait passer un casting.

Dans mon cas, c'est exactement ce qui s'est produit. Endemol nous avait contactés, mon père et moi, une première fois en 2007 pour la toute première saison de *Secret Story*. Suite à son passage par Pink TV et à un portrait dans *Libération*, les casteurs avaient entendu parler de Brigitte Boréale, journaliste et papa transgenre d'une fille de seize ans. Ils voulaient qu'on fasse l'émission à deux, avec pour secret commun : « Nous sommes père et fille. » J'étais trop jeune et j'avais mon bac de français à passer. Ils ont bien proposé que je mente sur mon âge et que je passe mes épreuves au rattrapage de septembre, mais on ne savait même pas à quoi l'émission allait ressembler. Nous avons décliné cette offre et je pensais que nous n'entendrions plus jamais parler d'Endemol.

Sauf qu'en 2011, la production est revenue vers nous pour nous proposer de participer à la saison 5. Il y avait une nouvelle directrice de casting aux commandes, qui était déjà là en 2007 et se souvenait de nous. Nous n'étions toujours pas très enthousiastes, mais après cinq appels et plusieurs messages Facebook, ils ont trouvé comment nous faire venir à eux :

– Bon, venez prendre un café dans nos bureaux pour qu'on en discute de vive voix, et si vous ne voulez toujours pas participer, on vous laissera tranquilles.

Nous nous sommes dit que cela ne nous engageait à rien de les rencontrer, et nous avons accepté le rendez-vous dans leurs locaux de la Plaine Saint-Denis. Mais les rois de l'intrigue télévisée avaient bien préparé leur coup : ils nous ont fait passer le casting par surprise.

Je me souviens d'une longue journée qui avait commencé par un croissant et un café à dix heures avec papa Brigitte. Nous avons pris un taxi ensemble après le petit déjeuner. On parlait un peu de tout dans la voiture. On y allait sans attendre quoi que ce soit, on ne se mettait pas la pression.

Nous sommes arrivés chez Endemol à dix heures trente et avons rencontré Rémi et Sarah, respectivement producteur de l'émission et directrice de casting. Ils nous ont accueillis chaleureusement et nous ont menés dans une salle avec eux. Ce n'était pas hyper luxueux, il y avait même un canapé avec une grande tache marron. Je pense qu'on était dans une annexe mais pas dans les bureaux officiels. Sarah m'a dit que mon père était une des personnes les plus complètes qu'elle avait rencontrées et qu'elle trouvait notre famille magnifique. Elle avait l'air sincère. Rémi et elle étaient adorables et nous ont confié leurs ambitions :

– Cette année, ce sera différent. Il n'y aura que des belles histoires avec des beaux secrets. On veut changer l'image de la téléréalité et c'est pour ça qu'on a besoin de gens comme vous. Mais surtout, vous pourrez faire passer un message. Ce sera une occasion en or de parler du troisième genre et de la communauté LGBT. C'est à ça que sert la téléréalité, non ?

À faire évoluer les mœurs et à développer l'ouverture d'esprit dans la société.

Après cette introduction, qui m'a donné l'impression de rencontrer des alliés, des gens qui voulaient utiliser leur pouvoir de façon positive, ils nous ont tendu des papiers à remplir. J'ai regardé la première page, il était écrit en grosses lettres : « Dossier de candidature pour *Secret Story.* » Apparemment, il y avait un malentendu. Mon père et moi, nous avons tout de suite précisé que nous n'étions pas candidats, mais Sarah et Rémi nous ont rassurés :

– Non non, ne vous inquiétez pas, c'est juste la procédure. On doit faire remplir ça à tout le monde pour la clause de confidentialité. On vous laisse compléter, on revient dans quinze minutes.

Il y avait bien une clause de confidentialité, assortie d'un genre de questionnaire de personnalité qui nous demandait de nous présenter en trois mots : nos qualités, nos défauts, les choses qu'on avait accomplies dans la vie… On a répondu en prenant ça à la rigolade et on a signé la clause. À la question des talents spéciaux, j'ai par exemple répondu que j'étais championne régionale du lancer de M&M's avec réception dans la bouche (un talent que je n'ai en réalité jamais tenté d'acquérir, car j'aime l'idée d'avancer dans la vie munie de toutes mes dents).

Tout de suite après, Rémi et Sarah nous ont dit qu'ils avaient besoin de moi dans une autre salle, en précisant que mon père y passerait ensuite. Je les ai suivis dans une petite pièce. Il y avait une grosse caméra sur trépied en face d'un tabouret. Ils ne m'ont pas demandé mon avis et m'ont dit :

– Puisque tu es là, on va faire un essai vidéo. T'inquiète pas, c'est juste pour nous !

Ils m'ont fait asseoir sur le tabouret et Rémi m'a demandé sur un ton passionné :

– Alors vas-y, présente-toi et dis-nous pourquoi tu veux faire *Secret Story*.

Je me suis penchée sur le côté, pour sortir du faisceau de lumière et les voir, et je leur ai rappelé qu'en fait c'étaient eux qui nous avaient demandé de venir.

Rémi a continué avec son ton survolté :

– Non mais on fait semblant pour voir, c'est pour que tu te présentes, joue le jeu.

La situation était étrange. J'étais seule avec eux dans la pièce. La caméra tournait. Rémi présentait ça comme un test pour rire. Je ne voulais pas avoir l'air nulle donc j'ai fait semblant. Je suis revenue dans le faisceau et j'ai joué le jeu en répondant à cette interview improvisée. Ils se sont mis à me poser plein de questions très vite. On aurait dit un interrogatoire de police. Je n'avais pas spécialement envie de répondre à tout ce qu'ils me demandaient, notamment quand ils m'ont posé la question :

– Tu crois que tes parents couchent encore ensemble ?

Mais je ne voulais pas être impolie, alors j'ai esquivé en plaisantant.

– Ça, je vous laisse voir directement avec mon père.

Il y avait aussi des questions plus classiques pour détendre l'atmosphère, sur ce que je faisais le week-end ou la façon dont mes petits copains réagissaient en apprenant que j'avais un papa transgenre (réponse : bien).

Ensuite, je suis revenue dans la pièce avec mon père et c'est lui qui est allé dans la salle d'interview. Quand il est revenu, je n'ai pas eu le temps de lui demander s'il avait lui aussi eu à répondre à des questions bizarres, car ils nous ont à nouveau sollicités :

– Puisque vous êtes là, on va vous faire passer la visite médicale, au cas où.

À ce rythme-là, nous allions parcourir tout l'immeuble dans la journée…

Chacun notre tour, on nous a fait rencontrer le médecin officiel, qui était très gentil. Il a insisté sur un point :

– Je ne sais pas si vous serez choisie, je vois beaucoup de monde, mais si c'est le cas, tout ce qui se passera entre vous et moi relèvera du secret médical. C'est très important. Si vous avez besoin de me parler ou de me voir pendant le jeu, vous n'avez pas à leur expliquer pourquoi. Même s'ils vous posent des questions, ne répondez pas. Quand je viens dans la Maison, ils sont obligés de couper les caméras et les micros sur mon passage. C'est la loi et vous avez droit au secret médical.

Ça m'a rassurée de lui parler et d'entendre que certains droits fondamentaux avaient la priorité sur les caméras. L'idée que SI un jour j'étais dans la Maison, il y aurait des moments de confidentialité durant lesquels je pourrais parler en privé avec un médecin était sécurisante. Apparemment, il y aurait quand même des moments de vie normale.

C'est finalement à dix-sept heures, donc presque sept heures après notre arrivée dans les locaux d'Endemol, que nous sommes partis. Rémi nous a dit qu'il allait présenter notre dossier à TF1 (la chaîne qui diffuse l'émission) et voir avant tout s'ils validaient notre profil. Il a terminé avec un sourire : « On croise les doigts. »

Mon père les a prévenus que de toute façon, il y avait peu de chances qu'il participe à l'émission. Qu'il avait cinquante-trois ans, qu'il considérait avoir passé l'âge, et que le reste se déroulerait entre eux et moi. À ce moment-là, je n'avais pas décidé d'accepter. Je n'avais pas décidé de postuler concrètement non plus. Nous étions venus pour discuter. Entre-temps, Rémi et Sarah s'étaient mis en tête de nous faire remplir un dossier, d'enregistrer un portrait vidéo et de présenter notre profil à TF1. Je me disais que je pourrais toujours dire non plus tard, par téléphone. En revanche, mon opinion très dure sur les gens qui travaillaient dans la téléréalité évoluait. Ma méfiance diminuait. Ceux que j'avais rencontrés aujourd'hui étaient gentils, drôles et nous avaient parlé de notre famille insolite comme si nous étions des héros. Il était difficile de ne pas les apprécier.

Nous sommes rentrés, affamés, et c'est dans le taxi du retour que nous avons réalisé que leur « rendez-vous » était en fait un casting déguisé.

Décision et préparation

Environ une semaine plus tard, mon téléphone a sonné. C'était Rémi. Quand j'ai décroché, il avait une annonce à me faire :

– Hey Morgane, j'ai une super nouvelle pour toi : cet été tu pars en vacances dans la Maison des secrets, parce que TF1 a validé ton profil !

Il n'a rencontré que mon silence pendant quelques secondes. Je ne savais pas quoi penser. Puis j'ai retrouvé la parole et je lui ai dit que je n'avais jamais vraiment accepté de participer à l'émission. Que j'avais déjà un job pour juillet et que je n'étais pas sûre de vouloir être dans *Secret Story*. C'est là que toute son habileté de producteur et ses années d'expérience à manier des candidats ont fait la différence :

– Mais Morgane, pense à ton père. T'imagines ce que ça représente, pour lui et son combat ? Tu peux faire passer un message de tolérance, sur TF1, en prime time ! En tout cas, nous, on n'a jamais vu un père et une fille comme vous, vous êtes exceptionnels. En plus, je te fais une confidence : le directeur de TF1, il t'a a-do-rée et tu es sa candidate préférée.

Évidemment que c'était convaincant. Les gens comme Rémi ont un don pour persuader. Il avait marqué des points, mais j'ai quand même trouvé le courage de lui dire que j'allais y réfléchir et que je lui donnerais ma réponse le lendemain.

J'ai appelé mon père pour en parler avec lui. Il m'a dit que c'était ma décision quoi qu'il arrive, qu'il ne me reprocherait rien si je refusais. Que si en revanche j'acceptais, il avait confiance en moi pour bien m'en sortir, avec mes valeurs et mon intelligence. Nous avons analysé la situation et deux choses étaient sûres : la première, que c'était réellement une opportunité inouïe de parler du troisième genre. De montrer qu'on peut avoir une famille LGBT sans que ce soit un problème ou un traumatisme, bien au contraire. On ne cautionnait pas la totalité des valeurs transmises par la téléréalité, mais en termes de public touché, en quantité comme en diversité, on ne pourrait jamais faire mieux que TF1, en prime time et access prime time tout l'été. La seconde chose qui était certaine, c'est que pour moi qui voulais me réorienter en journalisme, ça pouvait être une opportunité. M'ouvrir des portes. Il y avait cet espoir, aussi.

Mon père était tiraillé. Il était sûr de ne pas vouloir faire l'émission. Que les caméras lui voleraient ses moments de transformation homme-femme avec un regard potentiellement moqueur, et il ne pouvait pas autoriser ça. Mais il savait aussi que quelques semaines de *Secret Story* pouvaient faire plus que ses trois ans chez Pink TV pour développer l'acceptation du troisième genre dans la société.

C'est à ce moment-là, pendant cette conversation, que j'ai décidé de participer à *Secret Story.* J'avais le pouvoir de reprendre le flambeau porté par mon père. Le pouvoir de poursuivre son combat contre le rejet de la communauté LGBT.

L'opportunité de dire à la France entière que j'étais fière de lui et ainsi devenir la championne olympique des déclarations d'amour filiales. Peut-on refuser une occasion comme celle-ci quand elle se présente ? Pour moi, c'était impossible. D'autant que j'étais encouragée par les confidences et compliments de Rémi. Je me sentais flattée, intéressante, et soudain investie d'une mission plus grande que moi.

Avec toute la détermination et la naïveté d'une âme de vingt ans, j'ai envoyé un message à Rémi dans lequel je lui annonçais que j'étais partante pour participer à *Secret Story*. C'était décidé, je serais candidate de la saison 5. Le début de l'émission avait lieu dans un mois.

J'ai entamé une préparation à la Rocky Balboa. Je ne savais pas exactement comment m'organiser, mais j'ai concocté un programme de mon cru. Je m'étais dit que j'aurais besoin d'un bon physique et d'un bon mental. Je faisais des abdos-fessiers tous les jours et je méditais. Je mangeais hyper sainement. J'ai fait un peu de shopping et je suis allée chez le coiffeur. Je ne connaissais pas grand-chose au monde de la télévision et du spectacle, donc pour moi, c'était le max de ce qu'on pouvait faire pour être au top. En réalité, les gens qui font souvent face aux caméras utilisent beaucoup d'autres ressources pour être au meilleur de leur forme : manucures, blanchiment des dents, traitements de la peau, implants capillaires ou extensions, et même injections ou chirurgie esthétique selon les âges et les stratégies. Sans oublier parfois l'aide de stylistes et de coachs sportifs. Un ensemble de possibles que j'étais loin d'imaginer et qui ne manquait pas à mon quotidien d'étudiante.

En attendant, je ne m'étais jamais sentie aussi bien de ma vie. Je ne sais pas si c'était ma méditation quotidienne, mon alimentation saine ou l'excitation de savoir que j'allais passer à la télévision… Mais je débordais d'énergie, d'amour et d'ondes positives.

Parallèlement à cela, il fallait assurer les préparatifs de l'émission avec Endemol. C'était la coordinatrice des candidats qui s'en occupait. Elle s'appelait Yasmine et s'était présentée à moi comme « la nounou de tous les candidats ». Elle avait un regard de lynx, très direct, et une voix de velours. Je l'aimais bien car elle nous comparait parfois à ses filles et elle avait une tchatche incroyable. Je pouvais rester quarante-cinq minutes au téléphone avec elle sans voir le temps passer.

Afin d'éviter les fuites, chaque candidat avait un nom de code tiré de dessins animés Disney. Avec mon père, nous avions reçu Timon et Pumba. J'étais Timon, et Timon avait beaucoup de choses à gérer : faire des photos officielles avec un photographe professionnel mandaté par Endemol, tourner un portrait de deux minutes pour le premier prime, faire des prises de sang pour montrer que je n'étais pas séropositive ni enceinte, fournir une copie de mon casier judiciaire, me rendre à la visite médicale du travail et, surtout, passer un entretien psychologique.

Normalement, cette évaluation psychologique sert à éviter que des gens dangereux ou fragiles mentalement participent à l'émission. Sauf que juste avant de rencontrer la psychologue officielle d'Endemol, les casteurs sont venus me voir et m'ont demandé de lui mentir :

– Si tu bois ou si tu te drogues, il ne faut absolument pas le lui dire, sinon elle ne validera pas ta candidature.

J'ai acquiescé mais je n'avais pas envie de mentir à la psychologue. Que se passerait-il si je mentais et qu'en réalité, j'avais un profil à risque ? Je voulais être sûre d'être mentalement apte pour l'émission. Pendant l'entretien, je lui ai dit honnêtement :

– On m'a demandé de ne pas vous le dire, mais j'ai déjà consommé de la drogue quand j'étais plus jeune. Ce n'est pas quelque chose de quotidien, il pourrait y en avoir là sur la table, je n'y toucherais pas, mais je préfère vous le dire.

Elle était furieuse d'apprendre qu'on m'avait demandé de lui mentir. Elle m'a dit que c'était sa crédibilité professionnelle qui était en jeu, qu'elle n'allait pas laisser passer ça. Je ne savais pas si j'avais commis une erreur ou non. Je lui ai demandé ce qui allait se passer à partir de maintenant et elle m'a dit qu'elle ne pouvait pas m'annoncer le résultat mais qu'elle écrirait son avis sur ma participation et le transmettrait à Rémi et Sarah. Finalement, elle a quand même validé mon profil et a continué à travailler avec Endemol.

Quelques jours plus tard, j'ai reçu des documents par coursier. L'un d'entre eux était mon contrat de travail. Il stipulait que je serais employée par Endemol sous le statut d'intervenante. Le salaire serait de 493 euros bruts par semaine passée dans la Maison et de 322 euros bruts par semaine passée hors de la Maison jusqu'à la finale.

Les candidats éliminés sont quand même payés jusqu'à la fin de l'émission au titre d'accompagnants promotionnels, car on peut leur demander de revenir sur les primes ou dans la Maison même après leur élimination. C'est une façon de s'assurer de leur disponibilité. Les chiffres étaient tellement bas que j'ai cru que c'était une erreur. J'ai appelé Rémi, qui m'a confirmé que c'étaient les bons chiffres. J'ai essayé de négocier :

– Rémi, en tant que candidats on est totalement exposés pendant toute l'émission. C'est notre vrai visage, notre vrai nom et notre vraie vie qui sont filmés, et vous nous payez moins de 500 euros la semaine en brut. Ça ne fait pas beaucoup…

– Tu sais, le problème, c'est que si on vous paie trop, après vous n'êtes pas motivés pour gagner. On ne peut pas vous payer plus car il faut que vous restiez impliqués, et le salaire est le même pour tout le monde quoi qu'il arrive. Mais ne t'inquiète pas, à la sortie tu te feras plein d'argent avec la presse people et les soirées en boîte de nuit. Et puis de toute façon, Morgane, tu ne le fais pas pour l'argent…

Je ne savais pas de quoi il me parlait avec ses soirées en boîte de nuit et sa presse people. J'étais loin de connaître tous les business parallèles à la téléréalité, que j'ai découverts à ma sortie et dont je reparlerai plus loin. Je ne voulais pas non plus paraître pinailleuse ou cupide. J'ai abdiqué.

Ma dernière crainte portait sur les conditions de vie dans la Maison et le traitement réservé aux candidats, mais cette fois, c'est Yasmine qui m'a rassurée :

– C'est la presse people qui est mauvaise mais pas nous, on n'a aucune raison de casser nos candidats. Regarde la charte déontologique, tu y verras nos engagements et nos valeurs.

J'ai lu la charte déontologique Endemol France, reçue avec mon contrat de travail, et les engagements étaient en effet supérieurs à tout ce que j'espérais. Endemol s'engageait notamment à :

– garantir l'accès au psychologue vingt-quatre heures sur vingt-quatre pendant les émissions et l'accès à un médecin ;

– indiquer aux participants le nombre de caméras, de micros, de glaces sans tain, de caméras infrarouges et leurs emplacements ;

– prévenir les candidats des phases sans enregistrement ;

– privilégier les plans permettant de rendre fidèlement compte de la réalité sans porter atteinte à la dignité du candidat ;

– prohiber toute forme de harcèlement moral ;

– refuser les images dégradantes ;

– garantir qu'aucune pression extérieure ne soit exercée sur les participants.

C'était assez pour que je baisse ma dernière garde. En tout cas, j'y ai cru. Et si ces engagements avaient été tenus, je n'aurais pas écrit ce livre. Mais malheureusement pour Timon, aucun de ceux que je viens de citer n'a été respecté. La charte comprend d'autres points qui ne l'ont pas été davantage. Je me limite à citer ceux-là par souci d'économie.

Cette charte avait été validée par un comité composé de grands noms, parmi lesquels : Christine Albanel, conseillère d'État, ancienne ministre de la Culture, Élisabeth Badinter, philosophe, Étienne Mougeotte, directeur des rédactions du groupe Figaro et bien sûr Virginie Calmels, président-directeur général d'Endemol France.

Pour moi, ils étaient tous des gens importants et dignes de confiance. Cette charte avait éteint mes ultimes inquiétudes. J'ai continué ma préparation, optimiste et motivée.

Le temps avait passé, juillet débutait et j'ai reçu un appel pour me dire de commencer mes valises et d'être prête à partir en isolement pour le mardi 5 juillet.

Peu de gens le savent, mais les candidats sont placés en isolement plusieurs jours avant le début de l'émission, chacun dans un hôtel différent. On ne doit surtout pas être en contact les uns avec les autres avant d'entrer dans la Maison des secrets. Un agent de sécurité est chargé de nous garder, la production les appelle des « nounous » ou

« chaperons » pour que ce soit plus rassurant. Officiellement, c'est pour éviter les désistements de dernière minute et les fuites d'information dans les médias. Officieusement, c'est pour faire monter la pression et nous habituer à la perte d'autonomie et d'intimité.

L'isolement

Le moment de la séparation était venu. Ma mère se trouvait en Chine, où elle travaillait pour Roland-Garros. Elle m'avait déjà donné les quinze mille baisers réglementaires sur le front, les joues et les oreilles avant de partir. Il ne restait que mon père. C'est toujours plus sobre avec lui, mais ça ne veut pas dire qu'il y a moins d'amour. Je lui ai fait un câlin riche en émotions et je suis montée dans la voiture envoyée par Endemol, conduite par ma chaperonne. C'était une brune dans la vingtaine, jeune mais avec un air de dure à cuire. Elle m'a jeté un regard en biais, apparemment surprise de me voir émue, et a démarré. Jusqu'au virage du bas de ma rue, j'ai vu mon père faire de grands gestes pour me dire au revoir et je l'ai regardé jusqu'à la dernière seconde. Nous avons pris le virage, qui était un tournant aussi bien sur la route que dans ma vie, et il a disparu. J'ai ressenti un pincement au cœur en me disant que c'était la dernière fois que je le voyais avant de m'engager dans l'aventure *Secret Story*.

On avait tourné le coin de la rue depuis quinze secondes. J'étais dans mes pensées, mi-angoissée, mi-excitée, quand j'ai pris un énorme coup de pression. Ma chaperonne m'a expliqué les règles :

– Moi, c'est Kathia. Tu peux m'appeler Kat mais je ne suis pas ta copine. Si tu fais ce que je te dis, ça se passera bien entre nous. Si tu ne m'écoutes pas, je t'enferme et on reste dans la chambre d'hôtel jusqu'à vendredi. On va passer quatre jours ensemble, et mon rôle, c'est de te couper du monde jusqu'au début de l'émission.

J'écoutais poliment, en hochant la tête. Je voulais montrer que j'étais une fille honnête et que je suivais les règles. Longtemps, j'ai cru que si j'étais réglo avec eux, ils seraient réglo avec moi. *Spoiler alert* : ça ne marche pas comme ça dans le monde de la télévision. Mais à ce moment-là, je n'en savais rien.

Pour l'heure, j'écoutais :

– Il y a des paparazzis qui vont essayer de nous suivre et de te prendre en photo. Ils connaissent bien leur métier, ils savent nous repérer alors on va faire attention. Si ton nom ou ta photo sortent avant que tu sois dans la Maison, tu ne feras pas l'émission. Tu seras remplacée par un candidat de secours. À partir de maintenant, si on crie « Morgane » dans la rue, tu ne te retournes pas. Si tu croises quelqu'un que tu connais, tu ne lui parles pas. Tu ne parles à personne sans moi. Les deux premiers jours, t'as le droit de garder ton sac à main et ta montre. En revanche, je vais prendre ton téléphone et tu n'y toucheras plus jusqu'à l'émission. On te le rendra quand tu sortiras. Si tu veux appeler quelqu'un, c'est cinq minutes par jour maximum, en haut-parleur, et c'est moi qui tiendrai le portable. Note les numéros avant car une fois que j'aurai ton téléphone, tu ne pourras plus y toucher.

Je ne m'attendais pas au coup du téléphone. Je ne voyais pas de quoi ils avaient peur, que je dise à tout le monde que j'allais participer à *Secret Story* ? Si j'avais gardé le secret jusqu'à maintenant, c'est que je savais me tenir, même avec mon téléphone en main. Mais bon, c'étaient les règles et j'étais quelqu'un qui suivait les règles.

La liste des consignes n'en finissait pas :

– Je vais devoir fouiller ton sac et tes valises. Si tu as mis des trucs interdits dedans, dis-le-moi tout de suite parce que je vais le voir de toute façon.

Je n'avais rien mis d'interdit, j'étais en paix avec ma conscience.

– Pendant ces quatre jours, on va avoir des rendez-vous. Quand on se déplace, il faut qu'on ait l'air de deux copines. Mais si je te dis quoi que ce soit, courir, mettre tes lunettes de soleil, baisser la tête dans la voiture… tu le fais tout de suite et sans discuter. Et, une dernière chose : à partir de maintenant tu ne vas nulle part sans moi. Quand tu vas aux toilettes ou que tu prends ta douche, c'est porte ouverte et je te surveille.

Là, même en étant polie, gentille et tout ce qu'on voudra, je n'ai pas pu m'empêcher de réagir :

– Pardon ?! Pourquoi je ne peux pas fermer la porte des toilettes ?

– C'est comme ça. On ne sait pas ce qui peut te passer par la tête. Tu peux craquer sous la pression, vouloir t'enfuir ou te suicider, prendre de la drogue et faire une overdose. Tu n'imagines pas les histoires qu'il y a eues dans le passé.

– Oui Kathia, je comprends, mais moi je n'ai rien à voir avec ce qui s'est passé avant.

– Tu es sous ma responsabilité. Je dois faire en sorte qu'il ne t'arrive rien.

– Si je suis là, c'est que j'ai accepté de participer à l'émission. Donc je te rassure, je ne vais pas me sauver ni me tuer dans les toilettes.

– Tu dis ça maintenant mais tu peux flipper au dernier moment. Tu sais, je suis une femme, j'ai le même corps que toi. J'ai géré d'autres candidates les années passées et te regarder, je m'en fiche.

– Tu t'es occupée de qui les années d'avant ?

– Ça, je ne peux pas te le dire.

– Et les autres, tu les as regardées aller aux toilettes ?

– Oui.

– Même euh… quand c'était pour… la grosse commission ?

La question était peut-être triviale, mais sur le moment, j'essayais de comprendre mon sort.

– Bien sûr. Et je peux te dire que ce n'était pas toujours très agréable pour moi…

Ce n'était pas au programme mais on a ri. Nous étions deux inconnues dans une situation étrange, mais il y a des facteurs d'humanité universels. Elle m'a ensuite annoncé la première bonne nouvelle :

– J'ai un petit budget pour ces quatre jours. Si tu veux faire quelque chose avant d'entrer dans la Maison, comme une manucure ou des UV, tu peux me demander. On peut même aller voir la tour Eiffel !

– Ah… La tour Eiffel, je connais, je suis née ici. Mais si j'ai le droit, est-ce que je peux demander un massage ? Je n'en ai jamais fait et en ce moment, je suis un peu sous pression.

– OK, je vais voir ce que je peux faire…

Elle a mis la radio et on a roulé tranquillement sous le grand soleil de juillet. Je me disais que les règles étaient drastiques mais que c'était la dernière ligne droite avant d'entrer dans la Maison des secrets. Je n'allais pas reculer maintenant. On a dépassé La Défense et on s'est arrêtées devant un petit hôtel trois étoiles, dans le genre discret. Elle m'a dit :

– C'est là. Mets tes lunettes de soleil et laisse-moi parler à l'accueil.

– D'accord, mais… Il y a un mec en scooter avec des lunettes de soleil qui roule derrière nous depuis tout à l'heure. Il vient de s'arrêter et de se garer en même temps que nous.

Sa tête s'est immédiatement tournée vers moi, pas vers l'homme en scooter, et elle m'a regardée droit dans les yeux pendant quelques secondes, avant d'enfiler à son tour des lunettes de soleil.

– Tu n'étais pas censée le voir.

– C'est qui ? Un paparazzi ?!

La production ne parlait que de ça depuis le début et je devenais paranoïaque.

– Mais non, il est avec nous. C'est un traqueur. On ne se déplace jamais seules, mais normalement on ne les voit pas.

– Pourquoi il nous traque ?

– C'est en cas de problème. Si on est repérées ou qu'on se fait attaquer, ils sont là pour nous aider et pour t'emmener rapidement.

Je commençais à me croire dans un programme de protection de témoin avec toutes leurs histoires…

On est sorties de la voiture. Moi, pire témoin sous protection au monde, j'ai regardé le motard comme une commère, en tournant complètement mon visage vers lui. Il a détourné la tête. Kathia est entrée dans l'hôtel avec assurance, elle savait quoi faire. Je la suivais en faisant semblant de savoir ce qui se passait, même si je n'en avais aucune idée. Elle a donné un faux nom à la réceptionniste et nous sommes montées dans la chambre. Elle portait une grosse caisse en plastique qui contenait des rouleaux de scotch noir. Je ne savais pas à quoi ça allait servir. Je faisais de mon mieux pour faciliter les choses mais on ne me donnait pas beaucoup d'infos.

Une fois arrivées dans la chambre, j'ai appris que c'était l'heure de la fouille complète de mes valises. Je crois qu'un agent du FBI n'aurait pas mieux mené ses recherches. Elle a déplié chaque vêtement. Retiré les baleines et tâté le rembourrage de mes soutiens-gorge. Secoué mes produits de beauté et passé mon shampoing devant une lampe pour vérifier que je n'avais rien caché dedans. Démonté puis remonté mon étui à lunettes. Examiné la doublure de ma valise, les roulettes. Tout. À un moment, elle a trouvé un préservatif dans mon portefeuille. Ma pauvre capote de « au cas où, on ne sait jamais ». Elle m'a dit qu'elle était désolée, mais qu'elle devait regarder partout. La gêne a flotté quelques secondes autour de nous, puis l'objet a fini dans la boîte en plastique, tout comme le portefeuille.

Si j'avais caché quoi que ce soit d'interdit, elle l'aurait trouvé, c'est absolument certain.

J'étais encore trop innocente pour penser à faire passer des objets illégaux. J'avais bien suivi les consignes : pas de drogue, pas d'arme, pas de médicament sauf pilule et Ventoline pour les asthmatiques (comme moi) – et mes médicaments anti-allergiques que le médecin m'avait autorisée à prendre –, pas d'outil de communication, pas de marque apparente, absolument aucun appareil électrique quel qu'il soit (y compris épilateur, lisseur, etc.), pas d'aérosol, rien qui puisse nous permettre de lire ou d'écrire (ni livre, ni papier, ni stylo), pas de jeu (ni cartes, ni ballon, ni jeu de société) et pas de montre.

C'était draconien, mais j'étais sûre qu'ils avaient de bonnes raisons pour nous donner ces consignes. Il a fallu mettre du scotch sur chaque nom de marque de chaque produit et chaque vêtement. Kathia a refusé un tee-shirt de ma fac de droit parce qu'il portait la mention « Paris 1 – Panthéon Sorbonne » en trop gros. Il est parti dans la caisse. Ma peluche de Pluto aussi. Trop Disney.

Une heure après notre arrivée, quelqu'un a toqué à la porte de notre chambre. J'allais ouvrir quand Kathia m'a arrêtée :

– Non, toi tu ne dois pas toucher la porte. C'est moi qui ouvre, laisse-moi parler.

Elle a légèrement entrebâillé le battant, a chuchoté vivement avec une dame habillée en femme de chambre et a claqué la porte sur un « Oui oui, c'est bon ». J'ai demandé si on avait fait quelque chose de mal, vu que c'était apparemment quelqu'un de l'hôtel, et elle m'a dit :

– Non, elle est avec nous, c'est parce qu'on avait mal fermé la porte.

Pour dîner, on a trouvé un petit restaurant pas loin. Je me suis arrangée pour aller aux toilettes là-bas. Kathia n'est pas venue avec moi car les WC donnaient directement sur la salle et qu'il ne fallait pas attirer l'attention. Je venais de trouver ma première technique pour contourner les règles : aller aux toilettes dans des lieux publics, où Kathia ne pouvait pas me suivre et où j'avais la possibilité de fermer la porte et le verrou.

J'ai choisi une salade, à cette période-là je n'avalais rien d'autre. J'étais à fond dans un régime amincissant, stressée par les millions de gens qui allaient voir mes fesses à la télévision. Je ne pouvais pas m'empêcher de penser aux zooms potentiels sur nos corps en maillots de bain.

Kathia était amusée par la façon dont je me préparais pour l'émission. La manière dont je triais ma nourriture. L'organisation quasi maniaque de ma valise, agencée comme une partie de Tetris. Et mon air solennel pendant ma méditation du soir avant de dormir.

Au moment de nous coucher (j'avais hérité du lit le plus éloigné de la porte), elle m'a lancé :

– Demain on a un rendez-vous à onze heures, donc je mets le réveil à dix heures.

– On va faire quoi ?

– Tu verras.

– Je peux savoir où c'est ?

– Quelque part.

– Tu ne peux vraiment pas me le dire ?

– Non.

Puisque mon chaperon s'acharnait à créer de nouveaux mystères, il ne me restait qu'à lui souhaiter une bonne nuit et à me tourner sur le côté, dans un mélange d'amusement et de frustration. Cette mise sous tutelle était un peu vexante, comme si tout à coup, je n'étais plus assez grande pour prendre des décisions sur ce qui me concernait. Je ne l'ai pas compris sur le coup, mais tout était déjà en place pour nous dresser. Il fallait qu'on soit prêts à bondir quand l'émission commencerait, après avoir passé plusieurs jours à suivre des consignes très strictes dans nos chambres d'hôtel. Cela m'a été confirmé par un producteur d'émission que j'ai rencontré après mon passage à *Secret Story*. Je lui ai raconté l'isolement, il a souri et m'a dit :

– Oui, c'est normal. C'est pour que vous soyez comme des lions qui sortent de cage au début du jeu.

Ironie du sort, il est devenu producteur pour Endemol quelques années après ma saison.

Deux jours avant le début de l'émission, j'avais rendez-vous pour des essayages avec les stylistes d'Endemol. Lors du premier prime, on est habillés, maquillés et coiffés par la production. Ensuite, on se débrouille avec ce que l'on a apporté. On m'a assigné un pantalon taille haute à bretelles avec une chemise blanche et un nœud papillon. Ce n'était pas horrible, mais ce n'était pas vraiment mon style non plus et je préférais mille fois la robe à paillettes qu'on m'avait fait essayer juste avant. J'ai demandé si je pouvais la porter et la réponse a été sans appel :

– Non, en fait on va la donner à une autre candidate, mais ne t'inquiète pas tu es canon comme ça.

La robe à paillettes a été transportée ailleurs, on a mis ma tenue sous un film plastique avec le nom de Timon, et on m'a remerciée d'être venue participer à l'essayage.

Nous sommes parties déjeuner dans une brasserie. Le budget était de 25 euros par repas, et pas plus d'un verre d'alcool par jour. De retour dans la chambre, Kathia a reçu un appel personnel. Elle a été obligée de le prendre et de régler une dispute à côté de moi. Un conflit à propos d'une poussette. Elle a raccroché en sachant que j'avais tout entendu. On en a parlé et c'est là qu'on a commencé à se rapprocher. La promiscuité, ça marche dans les deux sens. Je n'étais pas la seule à devoir tout partager. Plus ça allait, plus j'appréciais Kathia. On était différentes mais on s'aimait bien. Elle faisait ce qu'elle pouvait pour rendre la situation plus facile.

Le moment de la première douche est arrivé. Je lui ai avoué que j'étais hyper pudique et que je serais incapable de me déshabiller devant elle. Comme j'étais sage depuis le début, on a trouvé un compromis. Elle m'a fait une proposition :

– Je vais rester dans la chambre pendant que tu te déshabilles dans la salle de bains. Tu mets la serviette autour de toi et tu vas dans la baignoire. Tu m'appelles quand tu es prête et je viens vérifier que tu n'as rien pris de dangereux. Ensuite, tu pourras tirer le rideau et prendre ta douche, mais je vais rester derrière en permanence. Ça, c'est obligatoire.

Du moment qu'elle ne me voyait pas toute nue, ça m'allait.

En ce qui concerne les toilettes dans la chambre, on a aussi négocié : pour la petite commission, je pouvais pousser la porte en la laissant entrouverte. Pour l'autre situation, je pouvais fermer la porte mais pas tourner le verrou. Dans l'absolu, j'essayais d'y aller dans les restaurants, mais on ne contrôle pas toujours le timing de son corps.

J'ai eu le droit d'appeler ma mère le soir. Le haut-parleur était activé, Kathia tenait le téléphone. Cinq minutes chrono. Consignes : pas d'informations sur le lieu où je me trouvais ni sur ce que l'on faisait de nos journées. Pas de remarques sur *Secret Story* ni sur l'actualité. Le jeu avait été officiellement annoncé et des rumeurs sur certains candidats et secrets couraient déjà dans les médias. Première question de ma mère en décrochant :

– Alors ma chérie, tu es où ?

Kathia m'a fait un signe de tête négatif et a mis son index sur sa bouche.

– Je ne peux pas te le dire, maman, mais ça va, t'inquiète pas. Tu ne dois pas me parler du jeu ni de l'actualité sinon on va devoir raccrocher. Tu vas bien ? Papa aussi ?

– Oui, il va très bien. On pense énormément à toi, ma chérie. Tu nous manques déjà, on t'aime fort.

J'avais envie de lui raconter cette vie sous protection rapprochée, l'histoire des toilettes, les essayages… Tout. Car cela ressemblait déjà à une vie d'agent secret… Mais je ne pouvais rien dire, alors je me suis contentée de l'essentiel : demander comment elle allait et lui dire que tout se passait bien de mon côté.

Au moment de dormir, j'ai interrogé Kathia sur notre programme du lendemain, mais son amour des mystères était inchangé :

– On a un truc le matin et une surprise l'après-midi.

– C'est quoi ? (Je ne perdais pas espoir d'obtenir des informations exclusives.) Je dois m'habiller comment ?

– Je ne peux pas te le dire.

– Mais allez, ça change quoi ? De toute façon je ne peux appeler personne, je n'ai pas de téléphone et je ne peux pas toucher la porte… Entre ce soir et demain où je le découvrirai, personne ne saura que tu me l'as dit.

– Non, tu ne sauras rien.

– OK, je vais méditer, alors. Bonne nuit.

Je me suis mise en tailleur et j'ai commencé ma respiration de moine bouddhiste. Il y a eu quelques secondes de silence, pendant lesquelles je sentais que Kathia m'observait. Puis elle a déclaré :

– Franchement, quand je te regarde, je ne comprends pas ce que peut être ton secret ni pourquoi tu vas faire *Secret Story*. Tu n'es pas comme les autres filles que j'ai chaperonnées avant. Tu as l'air normale.

– Je sais. Ça doit être dur à comprendre si tu ne connais pas mon secret, mais je le fais pour parler de quelque chose qui me tient à cœur.

– Et merde. Si tu dis ça, c'est que tu as un secret triste. Tu es malade ?

– Mais non ! Ce n'est pas un secret triste du tout. Tu ne peux même pas imaginer.

– Tu me jures que tu ne vas pas mourir ?

J'ai ri et j'ai promis que je n'allais pas mourir.

La veille de mon entrée dans la Maison, il s'est passé deux choses notables. Le matin, nous sommes allées chez Endemol. Nous étions dans la voiture, Kathia au volant et moi à l'arrière. Rémi est arrivé et m'a tendu le règlement du jeu en me disant :

– Signe et fais vite.

Ces changements d'attitude, passant de la sympathie à la froideur autoritaire, sont caractéristiques de la production. Ça nous prend de court et on a tendance à faire plus facilement ce qui nous est demandé. En tout cas au début.

Le document qu'il me tendait était le règlement qui expliquait tous les mécanismes du jeu. C'était la bible. Le texte mentionnait les durées des nominations et des pouvoirs spéciaux. J'ai appris qu'il y avait une carte joker, permettant à celui qui la possédait de se retirer des nominés et de mettre n'importe quel autre candidat à sa place. J'ai découvert qu'il pourrait y avoir cinq finalistes au lieu de quatre, selon la décision de la production. Rémi voyait que je lisais tout et ça ne lui plaisait pas.

– Dépêche-toi, Morgane, je crois qu'il y a des paparazzis.

Kathia a surenchéri.

– Baisse-toi au moins quand tu lis !

Moi, toujours polie mais têtue, je tenais à consulter les règles du jeu.

– Je ne peux pas signer si je n'ai pas lu au moins une fois toutes les pages.

J'ai lu en vitesse, le document posé sur mes genoux, mais jusqu'au bout. J'ai signé là, sur la banquette arrière, et j'ai rendu les papiers.

L'après-midi, Kathia m'a fait la surprise de m'emmener dans un spa pour un massage. L'endroit était discret, avec des lumières tamisées. Elle est restée dans la pièce pendant le massage pour éviter que je ne pose des questions à la masseuse, et pendant cinquante-cinq minutes, j'ai oublié le vent de folie qui soufflait sur ma vie. Ça a été un moment génial. Je n'avais plus de montre, plus de sac, plus de téléphone… mais au moins j'avais gagné ça. Et même si je sortais la première semaine, personne ne m'enlèverait ce moment. Bien sûr, au fond de moi, je priais pour ne pas sortir en premier. Je voulais avoir le temps de parler de mon père, de dire à quel point je l'aimais et que j'étais fière de lui.

À ce stade, j'étais pressée que l'émission commence. Ne serait-ce que pour pouvoir verrouiller les toilettes ! J'avais hâte d'être libre d'ouvrir et de fermer des portes sans demander la permission. Je pensais qu'une fois que je serais dans la Maison, tout serait plus facile. Autant dire que je n'avais pas tout compris.

Le vendredi 8 juillet était le jour J. Quand je me suis réveillée, j'étais déjà en tachycardie et Kathia a essayé de me rassurer :

– Normalement je ne devais pas rester toute la journée, mais je me suis arrangée pour être là. Je serai avec toi jusqu'à ce que tu montes dans la voiture qui te conduira devant la Maison.

Nous sommes arrivées dans les loges sans doute vers onze heures du matin. Un assistant technique m'a vue et a dit :

– Ah, Timon, ta loge est là.

J'ai attendu dans la loge pendant des heures. J'entendais des bruits de pas à l'extérieur. Des voix. Ça me réconfortait de savoir qu'on était tous là, chacun dans notre loge et bientôt tous ensemble. J'étais sur le point de connaître ceux qui allaient être mes colocataires pendant les prochaines semaines.

On est venu me maquiller et me coiffer, puis j'ai attendu à nouveau. Un technicien m'a rendu visite pour m'expliquer comment fonctionne un micro-cravate et comment en changer les piles. Il m'a dit avec un regard intense qu'il faudrait que je porte mon micro en permanence. Qu'il y aurait des sanctions si je l'enlevais, que cela pouvait même mener à mon élimination. Seules exceptions : dans la piscine, dans les toilettes et pendant notre sommeil (mais attention, être dans son lit n'est pas une raison suffisante pour enlever son micro, il faut être sûr qu'on va dormir et qu'on ne va plus parler).

Kathia gardait la porte à l'extérieur, tout comme les autres chaperons de chaque candidat. Si je voulais sortir et aller aux toilettes, il fallait que je toque et que je demande. Tous les chaperons bloquaient alors les poignées des autres loges le temps que je passe dans le couloir, et pareil au retour. De temps en temps, Kathia passait la tête dans la loge pour voir si tout allait bien ou venait discuter quelques minutes avec moi. J'ai encore attendu. Je méditais, je vérifiais la petite valise qu'on nous avait fait préparer pour le jour de notre arrivée (les grosses valises sont livrées plus tard, après avoir été fouillées une dernière fois) et je buvais de l'eau. J'ai entendu que certains commençaient à partir et je me suis dit : on y est, ça commence. Ça voulait dire qu'il était au moins vingt et une heures. Il y avait un panier avec des snacks dans la loge mais je n'avais pas vraiment dîné. Une casteuse m'a apporté une coupe de champagne. J'ai attendu qu'elle parte avant de la vider dans le lavabo. J'étais trop à jeun pour boire de l'alcool.

Après une petite éternité, Kathia est entrée et m'a dit que j'étais la prochaine. J'ai entendu et compris l'information, puis mon cerveau est devenu blanc. Il ne disposait d'aucune donnée permettant de gérer la situation et c'était trop intense pour lui. J'aurais peut-être dû boire ma coupe de champagne finalement, mais je pensais que je jouais la sécurité en restant 100 % maîtresse de ma personne. Un vieux sergent-chef de mon encéphale, sûrement celui-là même qui m'avait fait survivre au bac et au discours devant une église bondée lors du mariage de ma cousine, a pris le relais et m'a remise en activité. Je pouvais bouger et parler mais toutes mes pensées étaient floues. La voix de Kathia m'est parvenue :

– Prends ta petite valise pour la nuit et je t'accompagne à la voiture.

Mon corps s'est mis en mouvement et je l'ai suivie. On est arrivées sur un parking. La voiture était là. Elle a ouvert la portière.

– Bonne chance, donne tout, je serai là le soir de ta sortie mais j'espère que ce sera le plus tard possible.

Je l'ai remerciée sincèrement et je suis entrée dans la voiture aux vitres teintées.

Il y avait un chauffeur en costume. On a roulé cinq à dix minutes environ jusqu'à un endroit avec des murs hauts et plein de lumières. C'était en extérieur, il y avait des gens et des barrières traçant des chemins aux destinations inconnues. Je suis sortie de la voiture et Sarah m'a placée dos à un couloir décoré d'un long tapis rouge. Elle avait une coupe de champagne et m'en a proposé à nouveau. Cette fois, j'en ai bu quelques gorgées, mais sans abuser non plus vu mon état de stress. Mon cerveau a repris son activité. Une deuxième voiture est arrivée et j'ai identifié immédiatement le jeune homme qui en sortait comme un candidat car il portait un micro. Enfin ! Quelqu'un comme moi. On nous a placés côte à côte, pour nous faire entrer en duo, mais on ne devait pas se parler. On nous a menés jusqu'à une plateforme qui allait surgir sur le plateau avec de la fumée. On nous a dit :

– Restez bien sur la plateforme quand ça va monter. Une fois en haut, saluez les caméras et retournez-vous pour aller vers le sas. Ensuite, attendez, Benjamin Castaldi vous parlera et vous entrerez dans la Maison.

Seuls sur la plateforme, nous avons brièvement échangé nos prénoms, il s'appelait Rudy. Il avait une petite queue-de-cheval et un air sûr de lui. Quelqu'un est passé et nous a encore proposé du champagne mais j'ai décliné cette offre. Je me concentrais sur notre estrade et son mouvement imminent.

C'est une idée moyennement bonne de demander à une émotive comme moi d'attendre sans bouger. Mes jambes ont commencé à trembler. Impossible d'arrêter. Rudy l'a remarqué et a trouvé ça hyper drôle. Tout à coup la plateforme a décollé. Je suis passée en pilote automatique et j'ai tenu bon. J'ai fait coucou avec un grand sourire, on s'est retournés pour entrer dans le sas. Jusque-là, j'arrivais à donner le change face caméra mais je découvrais aussi les réactions inattendues de mon corps, dans cette situation de niveau 8 000 sur une échelle d'intensité émotionnelle allant de 1 à 10. Les jambes qui tremblent ? Première fois que ça m'arrivait. Je me suis dit : *Ah OK, on a franchi le stade du contrôle des jambes, je suis en train de vivre un truc qui me dépasse.* J'ai découvert qu'on pouvait marcher même lorsque nos membres inférieurs se plaisent à simuler un séisme, et que ça ne se voit pas sur le haut du corps. Ce sont les pieds qui trahissent, surtout avec des talons. Mais du moment que je tenais debout, ça m'allait. Rudy continuait à rire, puis il a proposé qu'on se tienne la main pour m'aider, ce que j'ai accepté. Toute aide était la bienvenue.

Soudain la voix de Benjamin Castaldi, présentateur mythique de *Loft Story* et de *Secret Story*, nous est parvenue. J'ai entendu le public crier derrière lui. Benjamin avait la même voix qu'à la télévision. J'ai réalisé tout à coup que la télévision m'avait attrapée et aspirée tout entière. J'étais passée de l'autre côté. J'étais dans la télévision.

Benjamin Castaldi nous a posé quelques questions pour nous présenter :

– Morgane, on a vu dans votre portrait que vous aviez de multiples personnalités, c'est un atout pour votre stratégie dans la Maison ?

Il parlait de mon côté étudiante studieuse *versus* jeune fille qui s'amuse quand elle sort avec ses copines, comme mon portrait vidéo l'avait expliqué. Rudy étant à côté, je ne voulais pas que Benjamin en dise trop sur moi. Je voulais rester mystérieuse aussi longtemps que possible :

– Oui, tout à fait, ça me permet de jouer sur plusieurs facettes.

Rudy a ensuite eu droit à sa question d'introduction, à laquelle il a donné une réponse tout aussi nébuleuse, puis le présentateur nous a laissés pour que nous entrions officiellement.

Je me suis hurlé dessus mentalement : *Arrête de trembler, contrôle-toi. Ne montre pas que tu as peur, sinon tu vas te faire bouffer. Joue la meuf qui a confiance en elle, même si ça tient deux jours, c'est toujours deux jours de gagnés.* Et je suis entrée dans la Maison.

Première semaine

Les portes du sas se sont ouvertes et nous ont laissés entrer dans la Maison des secrets. Nous sommes arrivés par le jardin, recouvert d'une herbe synthétique noire. À gauche, il y avait une piscine et des transats rose fluo, puis les chambres. Il fallait passer par un chemin sur la droite pour rejoindre la zone centrale du jardin, où se trouvaient des tables blanches, des canapés blancs et les marches menant vers le salon. Il y avait un grand mandala noir au sol avec des yeux aux pupilles fluo. C'était un univers graphique, coloré et stimulant.

Les chambres, qui étaient deux dortoirs d'une dizaine de lits chacun, se trouvaient donc sur la gauche du jardin, après la piscine. La première était à dominante rose fluo et la seconde, à dominante bleu fluo. Elles étaient reliées par une salle de bains contenant deux lavabos et une grande douche collective avec deux pommeaux au plafond. La salle de bains était encadrée par deux dressings qui communiquaient chacun avec l'une des chambres. Chaque chambre avait une porte qui donnait sur le jardin. Ensemble, ces cinq pièces bordaient toute la partie gauche du jardin et elles étaient toutes équipées d'immenses baies vitrées qui donnaient sur la piscine ou sur la partie centrale du jardin. La Maison formait un L inversé et le jardin occupait l'espace intérieur du L.

Quand je suis entrée, j'ai vu la piscine et les chambres, puis la partie centrale du jardin, où une dizaine de candidats se trouvaient déjà. Derrière eux s'étendait l'immense salon, avec un canapé blanc géant à trois côtés pouvant accueillir vingt personnes, une très longue table à manger et un coin cuisine le long du mur à droite. Tout de suite après le salon se trouvaient un couloir végétal et deux grandes portes en verre qui donnaient sur le couloir des Quatre Éléments, un couloir en croix qui menait au Confessionnal sur la gauche et à d'autres pièces secrètes et verrouillées pour le moment. Leurs portes étaient recouvertes de hiéroglyphes et symboles énigmatiques.

Rudy et moi avons longé le petit chemin à droite de la piscine pour rejoindre les autres candidats. J'étais à la fois intimidée et heureuse de les rencontrer. C'était un groupe d'inconnus, un groupe de futurs concurrents dans cette compétition géante, mais qu'est-ce qu'ils étaient beaux ! Chacun avait son style, sa richesse personnelle et l'ensemble était magnifique. J'ai commencé la tournée des salutations.

Il y avait Ayem, Aurélie, Geoffrey, Daniel, Juliette, Morgan, Jonathan, Julie, Sabrina, Simon, Marie et Geof.

Sabrina était une trentenaire blonde et pétillante avec des airs de Reese Witherspoon. Elle m'a fait visiter la Maison. En ce premier soir où chaque pièce était neuve et étincelante, où les couleurs fluo rencontraient les meubles d'un blanc immaculé et l'herbe noire du jardin, la Maison m'est apparue comme un palace immense et luxueux. Je n'avais jamais vécu dans un endroit aussi grand et lumineux. Au plafond, des néons blancs inondaient chaque centimètre carré de lumière. Il faisait jour partout. C'était incroyable.

Pourtant, on ne pouvait pas oublier que cette Maison était aussi un plateau de télévision. Dans chaque recoin, il y avait des caméras. Certaines étaient au plafond et d'autres sur les murs. Certaines étaient sphériques et pouvaient pivoter à 360 degrés. D'autres étaient plus longues et j'imagine qu'elles produisaient une image différente. Dans chaque pièce, au lieu d'y avoir quatre murs, la plupart des façades étaient en fait des miroirs sans tain géants, derrière lesquels se trouvaient d'autres caméras et des couloirs utilisés par la production. Chaque mur situé sur un bord extérieur de la Maison était un miroir sans tain et les autres murs étaient pour la plupart des baies vitrées.

Les derniers candidats ont fait leur apparition : Marie-Josée, des frères jumeaux nommés Zarko et Zelko et enfin Anthony, un grand brun musclé venant du Sud, qui avait passé la soirée dans une bulle transparente avec une autre candidate. Le public avait choisi de faire entrer Anthony. L'autre candidate, Elizabeth, s'est fait renvoyer chez elle sans avoir mis un pied dans la Maison. Nous avons tous eu de la peine pour elle. Après avoir franchi les étapes du casting et de l'isolement, se faire éliminer sans même avoir pu participer était l'équivalent d'une douche glacée. En comparaison du traitement qu'elle avait reçu, nous étions chanceux.

Une fois tout le monde entré, nous étions dix-huit au total. Huit filles et dix garçons. Une sirène a retenti, puis une annonce est venue du ciel : « Tous les habitants doivent se réunir au salon. » Nous avons reçu un message : des espions étaient parmi nous et avaient le pouvoir de nominer quelqu'un à vie, ce qui aurait pour effet de placer le candidat désigné dans le sas éliminatoire toutes les semaines. Cette personne serait choisie dans les prochains jours.

Panique. Folie. Paranoïa. Cette annonce nous a mis dans un état de psychose dès le départ. Une nomination à vie ? C'était la pire chose qui pouvait nous arriver. Il n'y en avait jamais eu dans les saisons précédentes, que j'avais suivies avec amusement et curiosité, en me souvenant qu'on m'avait proposé de participer à la première saison. C'était bien ma veine d'être venue cette année. On ne savait pas si les espions étaient parmi nous ou cachés dans une pièce secrète, mais ce qui était sûr, c'était que La Voix était leur complice. Moi qui pensais que le plus dur serait d'arriver jusqu'au premier soir, et qu'ensuite, ça irait mieux car je serais à l'intérieur… C'était loupé. J'avais peur de cette nomination à vie et de quitter le jeu aussitôt arrivée, comme tout le monde. Il y a eu un message de Benjamin pour clôturer ce premier prime et nous souhaiter bonne chance. La saison 5 de *Secret Story* venait officiellement de commencer.

Le bon côté des choses, c'est que nous étions enfin redevenus libres. Dans un espace confiné, certes, mais il y avait quand même une amélioration. Plus de chaperons, plus de précautions à prendre dans tous les sens et le droit de verrouiller la porte des toilettes. On a discuté en groupes, on a exploré la Maison et on s'est observés pour la première fois. J'ai réalisé que j'avais faim et j'ai décidé de préparer une salade géante. Les petits fours présentés sur les tables du jardin à notre arrivée avaient disparu très vite.

Dès la deuxième tomate, la lame du couteau flambant neuf a glissé et je l'ai sentie s'introduire profondément sous ma peau. Au moins, ils sauront tout de suite que je suis maladroite ! Je suis allée dans le cellier – une petite pièce à l'angle de la cuisine et du salon qui faisait office de garde-manger et salle multi-usages – pour ouvrir la trousse de secours. Elle contenait des préservatifs, une crème anti-moustique et du paracétamol. Il n'y avait pas de pansement. La production n'avait pas encore eu le temps de préparer une trousse complète.

Mon doigt n'arrêtait pas de saigner et je ne voulais pas être la reloue du premier soir, mais il me fallait des pansements. Il y avait encore beaucoup d'équipes qui étaient là, on ne les voyait pas mais on les entendait. J'ai parlé dans mon micro pour demander des pansements ou des compresses. Pas de réponse. Ça ne m'étonnait pas car ils devaient être très occupés. Je suis allée devant une caméra, je me suis mise bien en face et j'ai expliqué que j'avais besoin de pansements. La caméra a pivoté sur la gauche jusqu'à ce que je ne sois plus dans son champ. Je suis restée perplexe quelques secondes et j'ai compris que ça voulait dire non, pour les pansements. Juliette m'a vue passer dans le salon avec mon essuie-tout autour du doigt et m'a convaincue d'aller mettre du papier toilette pour stopper le saignement. Nous avons enroulé environ la moitié d'un rouleau autour de mon doigt et après vingt minutes, le saignement s'est enfin arrêté. Je me suis dit que c'était un mauvais concours de circonstances. C'était le tout premier soir du jeu, la production avait autre chose à faire que de me donner des pansements. Ce n'était pas bien grave et j'ai fini par manger un sandwich qui m'a totalement fait oublier que j'avais mal au doigt.

Je suis allée me coucher dans les premières car je voulais être reposée pour le lendemain. Impossible de savoir quelle heure il était car en plus de l'interdiction des montres, je venais de découvrir qu'il n'y avait pas d'horloge dans la Maison. Marie-Josée, notre doyenne, voulait dormir aussi et nous avons demandé dans nos micros à ce qu'ils passent la chambre rose en mode nuit, c'est-à-dire avec les néons éteints et le store de la baie vitrée baissé. Nous n'avions pas accès aux interrupteurs, c'était la production qui contrôlait tout ce qui était électrique. J'ai réalisé que c'étaient eux qui décidaient à quel moment nous pouvions dormir le soir. Cela ne m'a pas dérangée sur le coup car ils avaient éteint les lumières dès que nous l'avions demandé, mais ce ne serait pas toujours le cas par la suite.

J'avais choisi un lit en hauteur, à côté de l'entrée du dressing, et j'avais déballé quelques affaires. C'était comme le premier soir en colonie de vacances. Je me suis brièvement demandé ce qui nous attendrait le lendemain, puis je me suis endormie en moins de dix secondes.

En réalité, c'était loin d'être une colonie de vacances. J'allais vite apprendre que la vie dans la Maison était réglementée. Certains aspects l'étaient même de façon quasi militaire. Le matin suivant, nous en avons découvert un peu plus sur la vie quotidienne à l'intérieur. Pour nous sortir du sommeil, la production a allumé les néons, relevé le store et lancé une chanson dans les haut-parleurs. C'était un réveil presque parfait, pas loin de la douceur, quand tout à coup, une série d'annonces a jailli du plafond. C'étaient des messages préenregistrés par La Voix, le maître du jeu : « À tous les habitants, La Voix vous rappelle que vous devez porter vos micros en permanence », « À tous les habitants, vous devez tous changer les piles de vos micros, immédiatement » et, la pire de toutes : « À tous les habitants, il vous reste trente minutes d'eau chaude. »

J'ai cru que j'avais mal entendu dans mon demi-sommeil. Ce n'était pas possible. Puis j'ai réalisé qu'il était peu probable d'avoir mal compris une phrase aussi simple que « Il vous reste trente minutes d'eau chaude ». J'ai sorti la tête de la couette et j'ai fait mes calculs : on est dix-huit, on a deux pommeaux de douches collectifs et on a trente minutes d'eau chaude. J'ai sauté du lit. Dans un vent de panique et de cheveux ébouriffés, j'ai vu une dizaine de pyjamas se précipiter vers les douches. Ceux des filles d'abord, qui ont réalisé l'urgence avant les garçons.

J'ai enfilé mon maillot de bain et j'ai attrapé une des dix-huit serviettes fournies par la production. Je l'ai accrochée à gauche des douches et me suis lancée. On était une dizaine de merveilleux inconnus, mouillés, empressés, à plusieurs sous ces douches. Des bouts de peau se touchaient. J'ai senti les poils de quelqu'un me frotter la jambe. C'était drôle et improbable, bien que peu hygiénique. Quand je suis ressortie, on m'avait kidnappé ma serviette. J'en ai pris une nouvelle dans la pile originelle avant qu'elles ne disparaissent toutes. Deuxième message de La Voix : « À tous les habitants, il vous reste quinze minutes d'eau chaude », suivi des grognements des derniers dormeurs. J'ai découvert que les fils des sèche-cheveux et lisseurs partaient dans le mur et étaient également contrôlés par la production. Il fallait demander qu'ils soient alimentés (sachant que nous n'avions pas eu le droit d'apporter les nôtres). C'était étrange mais ça ne me dérangeait pas, j'avais prévu de faire mon shampoing le lendemain.

Habillage rapide. J'ai entendu une annonce avec mon prénom : « Morgane, tu dois changer les piles de ton micro, immédiatement. » La Voix avait aussi enregistré ses messages divins au format individuel, en mettant toute son autorité dans l'intonation du « immédiatement ». Je ne savais pas ce qui se passerait si je ne le faisais pas tout de suite, mais j'étais sûre qu'il y aurait des conséquences et je ne voulais surtout pas savoir lesquelles.

J'ai traversé le jardin, le salon et me suis dépêchée d'aller piocher des piles dans le cellier. J'ai découvert avec bonheur que je me souvenais des explications de la veille sur le fonctionnement des micros et j'ai rejoint fièrement ceux qui petit-déjeunaient sur la grande table.

Ce premier petit déjeuner semblait convivial, mais on pouvait déjà sentir planer la rivalité, voire une hostilité latente. J'ai surpris des regards de prédateurs. Nous n'étions certainement pas en vacances. Nous étions dans une compétition avec 150 000 euros en jeu.

Dans *Secret Story*, les règles sont simples : chaque candidat entre avec un secret et une cagnotte. Quand on trouve le secret d'un joueur, on gagne toute sa cagnotte. Pour cela, il faut se rendre au Confessionnal et appuyer sur le buzzer rouge qui déclenche l'alarme des secrets. Nous avons alors l'occasion d'expliquer à La Voix quel candidat nous visons et quel est son secret selon nous. S'ensuit une confrontation de dix minutes dans le Confessionnal avec la personne ciblée, à l'issue de laquelle on peut valider ou non notre buzz. Si l'on a bien découvert son secret, on récupère tout l'argent de l'autre candidat. Si l'on se trompe, on lui donne 5 000 euros de notre cagnotte. Il faut donc avoir au minimum 5 000 euros pour buzzer, et nous sommes limités à un buzz par semaine (en dehors des buzz gratuits qu'on peut récolter pendant les jeux quotidiens).

Pour remplir nos cagnottes, nous avons plusieurs possibilités : la première est de remporter des challenges organisés par La Voix (jeux, énigmes, épreuves sportives, etc.) La seconde est de réaliser des « missions secrètes » données par La Voix. Des défis qui consistent à adopter un comportement particulier ou à faire croire des choses aux autres candidats sans qu'ils se rendent compte que nous sommes en mission, par exemple : « Pour ajouter 300 euros à ta cagnotte personnelle, tu dois faire des avances à untel » ou « Pour remporter 500 euros dans ta cagnotte personnelle, tu dois trouver un prétexte pour déclencher une dispute avec unetelle. » Si nous réussissons et que les autres ne s'aperçoivent pas que nous sommes en mission, nous gagnons la somme annoncée.

C'est La Voix qui décide de l'attribution des missions, de leur intitulé et des personnes concernées. Lors de leur diffusion, elles doivent être annoncées au public, pour qu'il sache si un candidat agit de son propre fait ou contraint par une mission. C'est censé être l'un des aspects divertissants du programme : Qui réussira sa mission ? Qui se laissera berner ? Ou à l'inverse, qui démasquera les imposteurs ? Malheureusement, je découvrirai en sortant qu'une quantité importante de ces séquences ont été diffusées comme s'il s'agissait de notre propre comportement, sans signaler que cela faisait partie d'un défi orchestré par la production. Pour donner une idée de leur nombre, il y avait entre dix et quinze missions distribuées par semaine, mais à la télévision, seules trois ou quatre étaient présentées comme telles. Les séquences restantes ont quand même été diffusées, mais sans aucune indication.

Parallèlement à la chasse aux secrets, un candidat quitte la Maison chaque semaine. Le processus est bien établi : les nominations ont lieu le mardi, où chacun va au Confessionnal pour donner les noms de deux joueurs qu'il veut soumettre au vote du public. Ceux qui ont été désignés le plus de fois sont les nominés de la semaine. Le compte à rebours est dès lors enclenché. On propose au public de voter *via* des appels ou SMS surtaxés pour soutenir son candidat préféré. Les nominés mènent campagne jusqu'au prime du vendredi soir, qui se conclut par l'élimination du candidat ayant reçu le moins de votes. Il y a donc une personne éliminée du jeu chaque semaine, jusqu'à ce qu'il ne reste que quatre candidats dans la Maison. Ils sont alors finalistes et le public vote pendant la dernière semaine pour choisir qui parmi eux gagnera les 150 000 euros.

La chasse aux secrets et les éliminations ne sont pas connectées. On peut partir avec son secret tout comme on peut rester même si notre secret a été découvert.

Enfin, concernant les gains monétaires, seuls les quatre finalistes remportent leur cagnotte. Pour les autres, leur cagnotte disparaît au moment de leur élimination. C'est une somme que la production récupère et n'aura pas à débourser. Une partie de cet argent est parfois réinjectée dans le jeu, mais jamais totalement.

L'objectif est donc clair pour tout le monde dès le départ : aller en finale coûte que coûte, premièrement pour valider sa cagnotte, et deuxièmement pour avoir une chance de gagner les 150 000 euros. Une fortune à nos yeux de jeunes gens avec la vie devant eux.

Ces enjeux influencent évidemment nos comportements et nos relations. Si l'on est trop dangereux ou trop imposant, on risque la sanction des nominations car les autres voudront se débarrasser de nous. À l'inverse, trop effacé, on risque de ne pas avoir le soutien du public. Des alliances et amitiés se forment, mais qui sait jusqu'à quel point faire confiance ? Il ne peut y avoir qu'un seul gagnant et les places en finale sont chères. Le tout dans un lieu où nous devons nous méfier des apparences. Où des pièces secrètes cachent ce qu'on ne peut même pas imaginer et où des nominations à vie sortent de nulle part. C'est dans cette ambiance frénétique que l'aventure a commencé.

Ce n'était que la première journée, mais il y avait déjà beaucoup à intégrer. Tout était nouveau, et bien que certains éléments nous semblent bizarres, la situation elle-même était si exceptionnelle que nous pouvions accepter l'idée de vivre dans ces circonstances insolites. Nous savions en partant de chez nous que nous embarquions pour une expérience hors du commun. Il y avait déjà un bon nombre de surprises, pour le dire poliment, comme l'eau chaude rationnée à se partager dans deux douches communes, la pharmacie quasi inexistante et l'absence totale d'horloge. Le fait de nous avertir que les montres étaient interdites – pour éviter certains dispositifs de communication camouflés, pensais-je au début – ne revenait pas à nous dire que nous serions totalement dépourvus de repères temporels une fois à l'intérieur, ce qui avait savamment été passé sous silence. Ainsi apparaissaient les premières craquelures sur le vernis de cette « expérience humaine ».

En 2009, huit anciens candidats s'étaient rebellés et avaient révélé ces informations dans le livre *Secret Story 3*[1], en essayant de les faire connaître du grand public. Ils y racontaient les conditions de vie désastreuses et traitements dégradants subis dans la Maison des secrets de l'époque. Un ouvrage dont la portée est restée confidentielle et qui n'est malheureusement pas parvenu jusqu'à moi, ni aucun de mes camarades à ma connaissance, avant que *Secret Story* 5 ne commence.

Nous n'apprendrons que plus tard que derrière les belles promesses de la production sur notre bien-être et le contenu

1 Élisabeth Fanger, avec Jean-Claude Elfassi, *Secret Story 3. L'envers du décor raconté par les candidats*, Paris, L'Archipel, 2009.

de l'émission, la seule chose qui les intéressait était d'obtenir des images trash pour faire du buzz et de l'audience. D'où ces conditions de vie (et tout ce qui suivrait), qui avaient deux objectifs précis : nous garder sous contrôle et nous épuiser le plus rapidement possible au niveau psychologique et physique. Car ils savent que plus nous serons stressés, désorientés et parfois même déprimés, plus il y aura de chances pour que nous craquions, pleurions ou en arrivions à de violentes disputes entre nous. Mais dans l'excitation du début, notre attention se portait sur le jeu et sur le besoin de trouver notre place dans le groupe.

Tout était étranger. Les bruits, les gens, les lieux. Il fallait se battre pour conquérir ce territoire inconnu. Après le petit déjeuner, nous avons aperçu une silhouette derrière un des miroirs sans tain du salon. Une personne venant « de l'autre côté ». Nous avons couru pour nous coller à la vitre et tenter de communiquer avec des « Bonjour » et « Ça va ? » Silence. Notre visiteur s'est reculé pour se dissimuler. C'était soit un technicien, soit un agent de sécurité. Après plusieurs épisodes du même genre, nous avons compris que les gens de la production ne devaient pas avoir de contact avec nous, hormis La Voix et les journalistes du Confessionnal. Il fallait qu'on oublie le monde extérieur. Qu'on reste dans notre bulle.

Dès le deuxième soir, je me suis liée d'amitié avec Morgan, mon jumeau de prénom, qui occupait le lit face au mien. Il était naturellement hyper dynamique, souriant et positif. C'était un Métisse de vingt et un ans avec un corps svelte et athlétique. Toujours en mouvement comme une pile électrique, et toujours avec un mot encourageant pour les autres. Sa personnalité était en accord avec son secret, que nous découvrirons plus tard : « Je suis pom-pom boy. » Avant de dormir, nous avons lutté contre plus d'une quarantaine de moustiques et d'insectes étranges dans la chambre. Ils étaient attirés par les néons mais nous étions obligés de laisser les portes ouvertes pour que les pièces ne se transforment pas en saunas. On a tenté de remporter la partie. Parfois j'envoyais des bestioles vers Morgan et inversement. Puis, après avoir claqué une dizaine d'insectes volants et constaté qu'il y en avait toujours autant, on a abandonné. On s'est regardés d'un lit à l'autre, face à face, vaincus, et on s'est souhaité bonne chance pour survivre en se disant qu'on se retrouverait de l'autre côté de la nuit. Je suis heureuse de rapporter que nous avons survécu, non sans quelques piqûres en souvenir.

Le lendemain, la routine du matin a recommencé : musique dans les haut-parleurs, allumage des néons, ouverture du store, annonces de La Voix concernant l'eau chaude et les piles des micros, course vers les douches. Cette fois je me suis lavé les cheveux. J'ai demandé si je pouvais avoir du courant dans le sèche-cheveux, mais sans succès. J'ai posé la question trois ou quatre fois, en parlant dans mon micro, en faisant des gestes devant les caméras. Ils n'ont pas dit oui, ils n'ont pas dit non. Ils m'ont laissée comprendre que ça n'arriverait pas avec leur silence persistant. Je me suis fait une raison et je suis partie petit-déjeuner. Comme nous étions en juillet, ce n'était pas bien grave. Encore une fois, ils devaient être occupés. J'ai aussi cherché la crème anti-moustique mais elle avait disparu, et quand quelque chose disparaissait dans la Maison, c'était fini. C'était comme si un trou noir s'était formé le temps d'aspirer l'objet en question et s'était évanoui juste après. Les gens prenaient des choses, les mettaient dans des coins et les oubliaient. Quand on demandait qui avait pris ci ou ça, même les responsables n'en avaient aucune idée.

Dès le lundi, la tension s'était intensifiée. Les forts caractères de la Maison commençaient à s'affronter. Les jumeaux serbes de vingt-trois ans, Zarko et Zelko, créaient sans cesse des intrigues et des disputes. Zarko était brillant, mais il exerçait ses talents tantôt comme enquêteur émérite, tantôt comme roi de la fourberie. Zelko, de son côté, passait son temps à dire qu'il était un dieu et que nous étions des moutons. Il affirmait sa supériorité sur nous tous du haut de son mètre quatre-vingt-quinze, avec sa grosse voix et ses larges épaules. Il était impossible à contrer, sauf sur un point : il faisait des fautes de français. Un colosse au discours fragile. Quand il était au milieu d'une longue tirade pour nous dire par exemple :

– Je vais tous vous manger parce que vous êtes des victimes. Morgan, toi tu vas pas gagner. C'est fini les petits pédés qui gagnent, ça, c'était l'année dernière. Il va pas avoir deux fois un gay en finale !

Je le coupais de l'autre bout du canapé pour lui répondre :

– Zelko, déjà tu ne parles pas français. « Il *ne* va pas *y* avoir deux fois… » Si tu ne mets pas le *y*, ça ne veut rien dire. Et ensuite, commence pas à dire des trucs homophobes comme ça et à traiter qui que ce soit de pédé.

– Vas-y me parle pas toi, la tête d'ampoule. La meuf elle est blanche comme un fantôme, on dirait Casper. Elle parle comme un dictionnaire au lieu d'aller faire des UV.

C'est vrai que j'étais pâle et que je me maquillais peu. Apparemment, presque tout le monde avait fait des UV avant de venir. Certains et surtout certaines ont commencé à m'appeler Blanche-Neige et à faire des remarques sur mon physique. En particulier la personne avec qui je m'entendais le moins bien dans la Maison : Ayem.

Mes problèmes avec elle sont apparus très vite. Comme s'ils avaient préexisté à *Secret Story*, en sommeil dans notre existence, et qu'il avait suffi de nous rencontrer pour les réveiller. Elle était pulpeuse, séductrice et remarquée pour sa beauté. J'étais réservée, réfléchie et remarquée pour mon esprit. Nous étions deux archétypes qui s'opposent depuis la nuit des temps et le fait que le destin nous présente l'une à l'autre était suffisant pour qu'une rivalité naisse. Mais en l'occurrence, le destin n'était pas le seul responsable de notre antagonisme. Il y avait eu l'affaire Daniel. Au lendemain de notre entrée dans la Maison, j'avais eu le malheur de dire qu'il était beau gosse. Et c'était vrai : c'était un Italien de vingt et un ans qui ressemblait à Johnny Depp. Daniel et moi avions flirté pendant cinq minutes, le samedi soir, puis rien, nous étions allés vers d'autres personnes. Mais pour Ayem, qui devait feindre d'être en couple avec lui, car leur secret commun était « Nous sommes un faux couple », c'était trop tard, j'avais marché sur ses plates-bandes. Dans ce monde où tout ce qu'on dit pourra être – et sera – retenu contre nous, j'en avais fait assez pour devenir une cible pour elle et ses premiers alliés. Je ne voulais pas entrer dans des crêpages de chignon et encore moins colporter des ragots, donc je me contentais d'ignorer les piques qui volaient parfois dans ma direction.

Plus tard le lundi, alors que nous pensions commencer à connaître les règles, La Voix nous a convoqués dans le salon. Il nous fut annoncé que nous avions trente minutes pour mémoriser ses dix commandements, sous peine de perdre de l'argent dans nos cagnottes :

1. Se taire immédiatement et cesser toute activité lorsque La Voix se manifeste.
2. Faire sans attendre ce que vous demande La Voix et ne jamais contester une de ses décisions.

3. Ne jamais couper la parole à La Voix.
4. Ne jamais refuser une mission secrète.
5. Ne jamais révéler l'existence de sa mission secrète.
6. Justifier de manière claire et honnête son choix pour les nominations.
7. Ne jamais parler des nominations entre nous.
8. Ne jamais révéler son secret personnel à un autre candidat.
9. Ne jamais demander à parler à La Voix depuis un autre lieu que le Confessionnal.
10. Toujours appeler La Voix « La Voix » lorsqu'on s'adresse à elle.

À n'importe quel moment du jeu, La Voix pouvait nous donner un numéro et nous demander de réciter le commandement correspondant dans les trente secondes. Quand j'ai découvert ces derniers, je me suis dit : *C'est bien, au moins, ils ne plaisantent pas avec le respect des règles du jeu et nous sommes tous logés à la même enseigne*. Révéler son secret était d'ailleurs passible d'une nomination d'office. Je n'ai pas compris sur l'instant que ces commandements, jusque dans leur nom, ressemblaient à un règlement de secte pour nous conditionner. La Voix s'imposait comme autorité suprême de notre monde, mais étant donné que nous étions dans un jeu dont elle était l'arbitre, cela semblait normal, ou en tout cas concevable.

Le lundi soir, après deux jours de suspense, la nomination à vie est tombée. C'est Ayem qui l'a reçue. La Voix lui a expliqué qu'elle serait nominée chaque semaine jusqu'à son départ. Cependant, elle n'était pas la seule en danger car les premières nominations garçons avaient lieu le lendemain (elles sont alternées entre filles et garçons au départ, puis deviennent mixtes). Il y avait eu des débuts de discussions autour des nominations, mais chaque fois, après quelques secondes, des avertissements sortaient du plafond pour nous rappeler à l'ordre. La moindre parole était surveillée *via* nos micros, et on ne nous laissait pas enfreindre le commandement numéro 7. Suite à une égalité, les nominés de la semaine étaient Zelko, Daniel et Anthony, rejoints par Ayem avec sa nomination à vie. Ces résultats se sont accompagnés d'un soupir de soulagement de la part de tous ceux qui n'étaient pas concernés. La question des nominations était réglée jusqu'au mardi suivant, et l'une de ces quatre personnes quitterait le jeu le vendredi.

D'un côté, j'étais rassurée que la nomination à vie ne soit pas tombée sur moi. De l'autre, ce n'était pas une situation idéale car vu mes relations avec Ayem, on me soupçonnait d'être responsable de son sort et c'était un sujet sérieux dans la Maison. Le fait que certains candidats aient un pouvoir spécial, octroyé par La Voix, et s'amusent à faire pleuvoir des nominations arbitraires et permanentes sur d'autres était perçu comme une injustice. C'était une dérogation aux règles de nomination auxquelles nous étions tous soumis. Nous nous retrouvions à la merci de candidats avantagés qui jouaient avec nos nerfs et contre qui nous ne pouvions pas nous défendre. Autrement dit, il y avait des scélérats au royaume des secrétistes et une colère collective couvait contre cette ou ces personnes.

Pour les alliés d'Ayem, sa nomination était une raison supplémentaire de m'envoyer des piques en m'appelant « la traîtresse » et d'encourager les autres à se méfier de moi. Je savais que j'étais innocente mais je ne pouvais pas le prouver et, en attendant, les vrais responsables se cachaient bien. Moi qui voulais commencer le jeu dans la paix et la douceur, c'était mal parti. D'autant que je pouvais payer cette situation lors des nominations filles de la semaine suivante.

J'en avais assez d'être vue comme la traîtresse potentielle de la Maison. Certains joueurs se moquaient de la façon dont ils étaient perçus par les autres, mais je n'étais pas encore capable d'un tel détachement. Je voulais absolument prouver mon honnêteté. Mais comment ? Tout ce que je pouvais faire, c'était jurer que ce n'était pas moi, sachant que c'était exactement ce que je dirais si j'étais coupable.

Soudain, j'eus une révélation. Quelle était la seule chose qui était fiable dans la Maison ? Les commandements. Selon les numéros 5 et 8, il était interdit de révéler son secret ou sa mission secrète, or ceux qui avaient fait ça avaient forcément reçu ce pouvoir de quelque part, d'une mission ou d'un secret. Il me suffisait donc de dire à voix haute devant les autres « J'ai nominé Ayem à vie et c'est mon secret » et « J'ai nominé Ayem à vie et c'est ma mission secrète ». La seule explication pour que je puisse le dire à voix haute sans être sanctionnée serait que ce n'était ni ma mission ni mon secret, et par conséquent que ce n'était pas moi. Je me suis exécutée en récitant ces deux phrases devant les autres dans le salon. Je leur ai montré qu'il n'y avait eu aucune réaction de La Voix ni de la production, alors qu'ils intervenaient *via* les haut-parleurs dès la moindre entorse aux commandements, et donc que je ne venais pas d'enfreindre une règle. Je leur ai expliqué mon raisonnement, peut-être en ayant l'air un peu folle dans l'excitation du moment, car Zelko m'a tout de suite contrée :

– Mais t'es complètement timbrée, toi. Ça n'a aucun sens ce que tu racontes. La meuf, elle est perchée.

– Mais c'est toi qui ne comprends pas. Si on fait réciter ça à tout le monde, on trouvera les coupables, parce qu'ils n'auront pas le droit de le dire.

Rudy a compris mon idée et m'a approuvée. Il m'a fallu la journée pour aller voir tout le monde mais certains étaient réticents. Ils avaient peur que le mécanisme soit détourné plus tard pour trouver les secrets. Zarko, cependant, était très intéressé par ma théorie. Tout comme son frère, il mesurait presque deux mètres de haut. Les deux étaient tout en muscles et beaux comme des dieux mi-grecs, mi-serbes, avec des airs ténébreux. Zelko était sans cesse dans la démonstration de force, mais Zarko était plus mesuré. Malicieux, incroyablement intelligent et passionné de plantes. Il m'a questionnée :

– Comment t'es venue cette idée, Morgane ?

– Mais parce que je veux prouver que ce n'est pas moi, et la seule chose dont on est sûrs ici, ce sont les règles.

– Et tu l'as fait dire à tout le monde ?

– Presque. D'ailleurs, tu ne l'as pas dit.

Il a eu un petit rire sadique et il a récité les deux phrases. Rien ne s'est produit. Je ne le savais pas encore, mais il s'était préalablement rendu au Confessionnal pour expliquer la situation et une dérogation aux règles avait été créée. Je n'avais pas assez d'éléments pour identifier les coupables et prouver mon innocence.

Heureusement pour moi, les tensions se sont légèrement apaisées le lendemain car nous étions le mercredi 13 juillet 2011 et je fêtais mes vingt et un ans. En commençant l'aventure à vingt ans, je faisais partie des trois plus jeunes avec Juliette et Simon. La moyenne d'âge dans la Maison oscillait autour de vingt-trois ans. Dans une aventure comme celle-ci, qui se joue tant sur l'endurance physique que psychologique, chaque année d'expérience supplémentaire était une force. Les petits cadets allaient devoir s'accrocher. Mais pour l'instant, l'heure était aux réjouissances. La production m'avait réservé une soirée sur le thème de Versailles et j'étais Marie-Antoinette. C'était splendide, et cette alternance entre festivités clinquantes et conditions de vie totalitaires illustre parfaitement la vie dans la Maison : entre amusement et soumission, bien que les vraies difficultés n'aient pas encore commencé.

J'ai réceptionné un colis dans le cellier, envoyé par mes parents, il contenait mon chocolat préféré ainsi que des petits cadeaux. Puis La Voix a diffusé une vidéo pour moi sur l'écran géant du salon. C'était également une vidéo venant de mes parents, avec un angle original. Sur des images de mon chat déambulant dans notre appartement, ma mère faisait la voix off et me donnait des nouvelles de ma famille. J'ai tout de suite compris pourquoi mes parents n'apparaissaient pas. Montrer mon père avec ses cheveux longs et ses sourcils épilés, c'était prendre un risque par rapport à mon secret. Ils avaient trouvé un subterfuge pour m'envoyer leur soutien sans me compromettre dans le jeu. Je trouvais ça subtil et mignon, mais tout le monde n'était pas de cet avis. Une candidate m'a gratifiée de son analyse sur mon existence :

– T'es une fille tellement nulle, tellement minable, que tu n'as personne dans ta vie et tu n'as jamais eu d'amis. Tes parents t'ont envoyé une vidéo de ton chat, on ne les a même pas vus. Tu te rends compte à quel point tu fais pitié ?

Je n'allais certainement pas lui expliquer pourquoi mes parents n'étaient pas apparus. J'ai protégé mon secret et me suis donc contentée de répondre qu'un jour, elle comprendrait pourquoi j'avais eu cette vidéo pour mon anniversaire. C'était comme ça dans la Maison, le jeu était fictif, mais l'animosité qu'il créait était réelle et se transformait en attaques personnelles, qui pouvaient laisser à leur tour un impact durable sur leur destinataire.

L'heure de notre premier vendredi était venue. Ce qui signifiait notre premier prime time, nos premières vraies interactions avec Benjamin Castaldi et la première élimination à l'issue de la soirée.

Nous nous sommes tous préparés nous-mêmes pour la soirée en direct. Les gens pensent parfois que nous avons des stylistes et maquilleurs à disposition mais non, c'est seulement pour le soir de l'entrée dans la Maison et la finale.

Pendant tout ce temps à l'intérieur, nous n'avions aucune idée de ce qui était diffusé ni de la façon dont nous étions perçus. Nous étions aux aguets de la moindre information provenant de Benjamin ou du public. Dès qu'un prénom était prononcé, la force ou l'absence d'acclamations nous apprenait si son propriétaire était populaire.

L'ensemble du prime fut consacré à la nomination à vie et au fait de chercher qui en était responsable. Ayem eut la possibilité de nous interroger dans la salle des Vérités (une salle presque extérieure au salon, entre le cellier et la cuisine). Une caméra thermique était censée révéler nos mensonges en affichant la température de nos visages. Je me suis dit : *Enfin, ils verront que ce n'est pas moi*. Mais quand j'ai répondu aux questions d'Ayem, mon visage a tourné au rouge vif sur l'écran. Étrange caméra. Je n'étais pas la seule, nous étions trois ou quatre dans ce cas. Comme s'il ne fallait pas que les coupables soient démasqués tout de suite ni que je sois disculpée immédiatement.

À la fin du prime, il a fallu dire au revoir aux nominés pour qu'ils aillent dans le sas. On savait que l'un d'entre eux ne reviendrait pas. C'était bizarre, inconnu et un peu effrayant. Aucun de nous ne savait ce qui nous attendait à la sortie. Nous étions entrés en tant qu'anonymes et nous savions que nous passions à la télévision, mais tout ça se passait dans un monde qui semblait à des années-lumière de notre Maison suspendue dans le temps et l'espace. Les nominés sont entrés dans le sas. Zelko est réapparu, puis Ayem, puis Daniel. Anthony n'est jamais revenu. Il était éliminé. Il nous a révélé son secret depuis le plateau : il était tireur d'élite. Le prime s'est terminé. On venait de vivre notre première élimination.

Quand on nous a dit que le direct était fini, on s'est précipités à table pour manger. Ayem était d'humeur inquisitrice et a relancé le débat pour savoir qui était responsable de sa nomination. Deux personnes ont répondu avec hostilité que ça devait être moi, avec un regard appuyé pour me faire sentir leur amour. C'est à ce moment que ma carapace de fille endurcie s'est fissurée, si tant est qu'elle ait vraiment existé, et j'ai fondu en larmes. Ce n'est pas tant l'accusation qui m'a blessée que les œillades malveillantes qui l'accompagnaient, après une semaine de dénigrement par intermittence. Là encore, les causes du conflit avaient beau être imaginaires, issues d'éléments liés au jeu, l'animosité qui en résultait n'avait rien de fictif. Et ce n'est parfois pas l'intensité des attaques qui heurte, mais leur répétition.

Je suis allée dans le jardin pour trouver du réconfort auprès de Marie-Josée, surnommée Marie-Jo. C'était une élégante Canadienne de trente-neuf ans, de qui émanaient lumière et bonté. Elle avait un sourire d'ange et des yeux extrêmement sincères, tout en ayant de l'esprit, de l'humour et de la détermination. Sa présence dans une pièce rendait tout le monde plus avisé. Quand je sentais l'état de guerre couver dans la Maison, j'allais trouver la paix auprès de Marie-Jo.

Zelko est sorti du salon, une demi-baguette encore dans la main, et s'est assis à côté de nous :

– Morgane, ça va ? Il ne faut pas pleurer comme ça.

– C'est facile à dire. Ce n'est pas toi que les gens détestent pour un truc que tu n'as pas fait.

– Non mais c'est un jeu. Il faut que tu sois forte. Arrête de te laisser impressionner par les autres.

Il gobait des morceaux de pain tout en parlant. Marie-Josée a pris la parole :

– C'est bien ce que tu dis, Zelko, mais alors, pourquoi tu critiques autant Morgane devant les autres ?

– Parce qu'elle ne brille pas, alors qu'elle pourrait. Je la provoque pour l'endurcir.

Marie-Jo l'a regardé avec une intensité qu'on ne lui connaissait pas encore et lui a dit :

– Zelko, tu dois promettre de la protéger jusqu'à la fin du jeu.

Ça n'arrangeait pas vraiment Zelko de faire ce genre de promesse. Il répétait qu'il était venu pour tout détruire comme un guerrier, mais Marie-Jo avait une flamme persuasive dans les yeux au moment où elle lui a dit ça. Elle avait deviné deux choses : la première, c'est qu'il était responsable de cette histoire de nomination à vie. La seconde, c'est qu'au sommet de ces quatre-vingt-dix kilos de muscles culminait un instinct protecteur et chevaleresque. Il suffisait de lui donner un objet. Une demoiselle en détresse. Il l'a regardée dans les yeux et lui a promis :

– Oui, d'accord je la protégerai.

Ce développement était inattendu, mais ce n'était ni le premier ni le dernier que la Maison des secrets aurait à offrir. Si certains ont un caractère vicieux ou insensible, d'autres ne peuvent s'empêcher de placer les liens humains en premier.

Le fait que Zelko soit sorti pour venir voir comment j'allais, ce n'était pas juste de la culpabilité, ça montrait que tout en prétendant être un joueur sans pitié, il avait bon cœur. Il était affecté de voir une jeune femme fondre en larmes, accusée à tort d'un acte dont il savait qu'il était responsable. Et bien qu'il aurait été plus confortable pour lui de rester à table et d'encourager les villageois à penser qu'ils avaient démasqué la sorcière, il était venu s'enquérir de mon état.

De là à savoir si je pouvais lui faire confiance, il y avait un pas à franchir. C'était l'un des plus colériques d'entre nous, mais une partie de moi voulait y croire. Je me sentais cruellement seule et je ne pouvais pas m'empêcher de souhaiter que mon père soit là. Il avait failli venir, il faisait partie du jeu en quelque sorte, mais je ne pouvais parler de lui à personne. Je ne les connaissais pas, ils ne me connaissaient pas et nous étions enfermés dans la Maison pour nous affronter dans un combat sans merci. Car la merci valait 150 000 euros et, pour certains, cela justifiait d'être prêts à tout pour se débarrasser des autres, des complots lors des nominations jusqu'au harcèlement moral pour les faire craquer psychologiquement.

Toujours est-il qu'à ma grande surprise, Zelko avait promis. Difficile de savoir si c'était sincère mais il a ajouté :

– Morgane, quand tu découvriras qui a nominé Ayem à vie, il ne faudra pas non plus être en colère, c'est le jeu.

J'ai répondu que je ne serais pas furieuse mais que je voulais juste qu'on arrête de me faire payer pour une chose dont je n'étais pas coupable. Il m'a fait un rapide câlin, puis a planté son regard intensément dans le mien. Il a eu l'air de sonder mon âme pour savoir si j'étais moins triste et il est reparti avec le reste de sa baguette. J'ai fini la soirée en mangeant des crêpes avec Morgan, et sa bonne humeur permanente a fini par me remonter le moral.

Cette première semaine de *Secret Story* ne ressemblait à rien de ce que j'avais pu imaginer. Le prime était passé, mais il fallait immédiatement penser à la suite, car dans quelques jours les nominations filles auraient lieu. Je pourrais potentiellement être menacée d'élimination. Ma plus grande peur dans le jeu était de partir avant de pouvoir parler de mon père et de mon secret. Il fallait que je tienne, au moins jusqu'à la révélation de mon secret au public (qui connaît la liste des secrets mais ne sait pas forcément à quels candidats ils correspondent). Ensuite, il était évident que plus je resterais dans le jeu, plus je donnerais de visibilité à la cause que j'étais venue défendre : le droit des familles avec une composante LGBT à vivre sereinement, sans qu'on vienne leur dire que les enfants seront traumatisés ou autres absurdités. Aussi longtemps que je resterais dans la Maison, j'affirmerais que pour moi, loin d'être un handicap, avoir un parent LGBT avait été une richesse. Mais avant tout je priais pour avoir le temps d'en parler. Et quand je dis prier, c'est presque littéral. Je continuais à faire ma méditation tous les soirs, et je suppliais l'univers de m'aider en me laissant rester dans le jeu assez longtemps.

Deuxième semaine

Le lendemain du prime, j'ajustai mes calculs en me disant que nous étions désormais dix-sept dans la Maison. Mais ce que je ne savais pas, c'est qu'avant la fin de la journée nous ne serions plus que seize. La Voix nous a réunis au salon pour nous annoncer une triste nouvelle : une candidate avait choisi de quitter l'aventure. Et ce n'était pas n'importe qui, c'était Marie-Josée, notre ange de la paix.

Elle s'est assise, très émue, dans le fauteuil rouge du salon habituellement réservé aux révélations de secrets, et nous a expliqué :

– J'ai décidé de quitter la Maison des secrets et de retourner auprès de ma famille. J'ai trouvé ça très difficile d'être ici, mais pas à cause de vous. Ce mode de vie-là, quand on a une vie bien remplie, c'est compliqué, mais vous avez rendu mon séjour heureux. Joyeux. Vous l'avez rendu plus facile. Vous avez adouci la peine de mon cœur d'être loin de mon fils. Vous êtes des gens exceptionnels.

À ce stade nous étions près d'une dizaine à nous retenir pour ne pas pleurer trop fort. Marie-Jo a poursuivi :

– Quand on voit ça à la télévision, on se dit que les gens pleurent alors qu'ils ne se connaissent que depuis une semaine, mais en fait nous, on sait pourquoi maintenant, on se comprend. Ça demande une grande force de caractère de vivre cette aventure-là. Et moi, je me sens très privilégiée de vous avoir côtoyés, tous et chacun. Merci de m'avoir fait de la place. Merci de m'avoir accueillie comme si j'avais vingt-deux ans et que j'étais vraiment l'une des vôtres. Merci de la confiance que vous m'avez témoignée. Et si parfois ça chauffe dans la Maison, j'aimerais que quelqu'un se souvienne de ce que je vous ai dit : prenez soin les uns des autres.

En une semaine, elle avait déjà compris ce qui nous attendait. Là où nous étions optimistes, voire naïfs, elle n'était pas dupe. C'était toute la différence entre notre vingtaine et sa quarantaine : l'expérience.

Avant de partir, elle nous a révélé son secret : « J'ai été bonne sœur. » Ça lui allait si bien. Elle y avait manifestement gagné une auréole invisible. Au moment de lui dire au revoir, elle m'a chuchoté que j'irais loin, très loin, et ça m'a touchée de voir qu'elle croyait en moi alors que nous nous connaissions si peu. Malgré ma détermination et mes espoirs, le doute s'insinuait parfois dans mes pensées, je me demandais si j'étais assez charismatique et intéressante pour être aimée du public. Je ne pouvais avoir aucune garantie sur ce point. Tout ce que je savais, c'est que j'allais essayer et faire de mon mieux. Quand Julie fit ses adieux à la doyenne de la Maison, elle décida de lui raconter son secret. J'étais à quelques mètres. Je ne cherchais pas à espionner mais j'ai entendu qu'elle parlait d'un homme qui lui avait fait du mal. Marie-Jo a finalement quitté la Maison en laissant un grand vide derrière elle.

Plus tard dans la soirée, Julie rangeait son maquillage dans la salle de bains et m'a fait comprendre qu'il y avait un souci avec son secret, à l'extérieur de la Maison. Je lui ai dit que j'avais entendu quelque chose à propos d'un homme et je lui ai demandé si elle était en danger. Immédiatement, des voix sont sorties des haut-parleurs :

– Julie, ce qui se passe au Confessionnal reste au Confessionnal.

Elle a dit oui et m'a regardée droit dans les yeux pour que je la suive dans le dressing des filles. Elle a pris un eye-liner et a commencé à écrire sur l'un des murs de son armoire : « J'ai un secret qui… » Ils pouvaient nous interdire les stylos, mais pas le maquillage. J'avais l'impression que nous étions des MacGyver féminines. Mais j'ai vite déchanté car soudain, la porte du dressing s'est ouverte et la sécurité est entrée. En quelques secondes, deux hommes avec des talkies-walkies ont attrapé Julie. Ils lui ont mis un bandeau sur les yeux, l'ont saisie chacun par un bras et l'ont entraînée en claquant et en verrouillant la porte derrière eux. Je n'ai pas eu le temps de faire quoi que ce soit, ni pour me protéger, ni pour la défendre. Au début je les entendais derrière la cloison, puis les bruits se sont éloignés. Ils l'emmenaient ailleurs *via* un des couloirs de la production. J'ai couru pour effacer ce qu'elle avait écrit avec du démaquillant. J'ai attendu de longues minutes dans le dressing, sans savoir quoi faire. J'avais peur. Je ne savais pas ce qui allait lui arriver, ni s'ils allaient revenir pour moi. Normalement, quand on voit son amie se faire attraper par deux hommes qui lui mettent un bandeau sur les yeux, on appelle la police. Mais j'étais dans un monde bien loin de cela et je n'avais même pas accès à un téléphone. À force de ne plus rien entendre derrière les murs, j'ai finalement décidé que le plus sage était de retourner dans le salon avec les autres.

Voilà comment la production peut réagir quand on fait quelque chose qui ne lui plaît pas. Il y a aussi les pressions psychologiques, évidemment, dont je reparlerai plus loin. Mais c'est le genre d'événement qui installe un certain climat dans la Maison. La « sécurité » n'est pas seulement là pour garantir notre intégrité physique. C'est comme la police privée d'Endemol. Certains sont humains et gentils, mais d'autres aiment avoir ce statut et semblent apprécier de pouvoir entrer et nous hurler dessus s'ils en reçoivent l'ordre.

Après environ une demi-heure, Julie est ressortie par le Confessionnal. Les yeux au sol, elle ne parlait pas. Je suis allée lui demander si ça allait. Elle m'a répondu sans me regarder

– Oui oui, ne t'inquiète pas.

– T'es sûre ? Qu'est-ce qui s'est passé ?

– Il ne faut pas que je parle de mon secret.

À l'instant même, des voix sont sorties à nouveau des haut-parleurs :

– Julie, tu veux revenir au Confessionnal ?

J'ai moi-même répondu en m'adressant au plafond :

– Non, c'est bon, on n'en parlera plus.

Conscientes que nous serions observées et écoutées attentivement pendant les prochaines heures, nous avons rejoint d'autres personnes et nous sommes abritées dans leur conversation.

Le Confessionnal avait deux fonctions. La plus courante était de servir d'interface de jeu. C'est le lieu où se passaient les nominations, où l'on recevait nos missions secrètes données par La Voix et où nous répondions à nos interviews individuelles quotidiennes. Tous les soirs, il fallait qu'on y passe un par un pour répondre à des questions sur notre journée. Elles étaient posées par des journalistes sans prénom, et donc sans identité, que nous ne voyions jamais. Des voix venant du plafond. Mais eux nous voyaient pendant les interviews (et tout le reste du temps aussi) par l'intermédiaire des caméras. La seconde fonction du Confessionnal était d'être la petite salle pour le règlement des affaires privées. Si nous voulions voir le médecin ou parler à la psychologue, il fallait le demander au Confessionnal. Si nous voulions réclamer des affaires à nos familles, c'était également là que cela se passait. Enfin, quand la production voulait nous transmettre un message, positif ou négatif, elle le faisait en nous convoquant au Confessionnal. Quand c'était nous qui prenions l'initiative d'y aller, il fallait appuyer sur une sonnette pour entrer et la lumière de la porte devenait verte ou rouge, selon leur décision de nous recevoir ou non. Cette pièce n'était donc pas accessible en permanence. Et le salon, que nous devions traverser pour atteindre le Confessionnal, était également verrouillé pendant la nuit. Ce qui pose problème concernant « l'accès garanti vingt-quatre heures sur vingt-quatre à un psychologue et un médecin ».

Je me suis rendu compte que les questions posées par les journalistes du Confessionnal étaient orientées : « Et quand Ayem t'a fait cette réflexion, ça t'a mise en colère ? T'as envie de te venger ? », « On a l'impression qu'il y a un rapprochement entre toi et John, alors dis-nous tout, tu l'aimes bien ? », « Tu veux voir des images de ce qu'elles ont dit sur toi ? Ce n'était pas tendre ». C'était une belle façon de malaxer nos émotions et d'entretenir certaines tensions. Mais comme nous n'en étions qu'à la deuxième semaine, je leur trouvais des circonstances atténuantes pour tout.

Je me disais que j'étais dans une émission de télévision et que c'était bien normal qu'il y ait un peu de dramatisation. J'avais fondé tellement d'espoirs sur ce jeu et la production que je voulais rester optimiste.

Le mardi est arrivé, escorté des horribles nominations filles. Quelques garçons m'ont nominée mais je n'étais pas en tête. Au final, Julie et Juliette ont été nominées, accompagnées d'Ayem, toujours nominée à vie. J'étais soulagée d'y avoir échappé, mais triste de voir Julie en faire partie. C'était une magnifique brune de vingt-trois ans, passionnée d'animaux et de danse. Elle donnait des spectacles dans les boîtes de nuit et les restaurants pour financer sa maison transformée en refuge animalier. Quand elle gagnait de l'argent, elle sauvait un cheval ou un chat. Elle était venue dans *Secret Story* pour tenter de financer un agrandissement de son refuge et ainsi accueillir plus d'animaux.

Suite aux nominations, La Voix a lancé une enquête collective dans la Maison : tous les habitants pourraient tenter de deviner qui étaient les traîtres. Jubilation de mon côté. S'ils étaient démasqués, je serais blanchie. Vous pensez peut-être que ces histoires de nominations à vie sont futiles et un peu absurdes, mais regardez mieux. Observez comme elles ont déjà réussi à provoquer des tensions dans notre groupe si jeune. Comme elles ont créé des peurs, des suspicions, des victimes potentielles et des coupables à débusquer. Quoi de mieux pour semer rapidement la zizanie dans une troupe ?

Après une soirée d'interrogatoires où nous avons tous pu nous questionner et mener l'enquête, chaque candidat est allé au Confessionnal pour faire son pronostic. Soudain, victoire ! La Voix nous a annoncé que les coupables avaient été démasqués, mais qu'ils seraient dévoilés lors du prochain prime. J'étais presque délivrée.

Cette nuit-là, je me suis assise sur mon lit en tailleur pour faire ma méditation, enfin soulagée, mais ma zenitude a tourné court. Les lumières étant éteintes dans la Maison, je pouvais voir nettement le couloir de la production, de l'autre côté du miroir sans tain. Un agent de sécurité faisait sa ronde et s'est arrêté à mon niveau, en me regardant fixement derrière la vitre. Une silhouette noire indéchiffrable. Je l'ai regardé quelques secondes et je me suis précipitée sous la couette. Je ne savais pas pourquoi cette forme humaine s'était arrêtée pour m'observer ni si je faisais quelque chose de mal, mais dans le doute, je préférais éviter qu'on vienne me l'expliquer. J'ai attendu longtemps avant d'oser vérifier si elle était encore là, et quand je l'ai fait, elle avait disparu.

Le reste de la semaine n'a pas été plus serein. Premièrement, il y a eu l'épisode des balles de tennis. Des gens de l'extérieur avaient envoyé des balles dans le jardin avec de faux secrets écrits dessus. La sécurité avait accouru dans la Maison et La Voix nous avait sommés de lâcher toute balle en notre possession, avant de nous ordonner de nous rassembler dans les dortoirs. La production avait alors baissé le store et verrouillé les portes donnant sur l'extérieur. Toutes les portes dans *Secret Story* ont des fermetures électriques, qui sont utilisées pour bloquer l'accès à certaines pièces ou nous confiner si besoin.

Deuxièmement, les premières conséquences de l'enfermement se faisaient sentir. Il y avait un effet de sevrage. Certains candidats, habitués à consommer régulièrement alcool et stupéfiants, se retrouvaient en désintoxication forcée au moment même où ils vivaient l'un des événements les plus intenses de leur vie. On m'a souvent demandé si nous avions de la drogue dans la Maison. C'était totalement interdit et nous avions tous été fouillés méticuleusement avant d'entrer. La production n'autorisait que l'alcool (un verre par soir et par personne) et les cigarettes. Avec un fonctionnement particulier cependant : les fumeurs devaient apporter leurs cartouches avant d'entrer et les remettre à la production. Les paquets étaient ensuite distribués certains jours, *via* une boîte aux lettres spéciale. Quand la production voulait augmenter les tensions dans la Maison, elle coupait l'arrivée des cigarettes, ce qui rendait évidemment les fumeurs très à cran. Quoi qu'il en soit, sevrage ou non, le stress augmentait en même temps qu'un genre d'engourdissement physique et psychologique commençait. Nous étions tous isolés, coupés du monde, loin du confort de nos maisons et de l'affection de nos proches.

La veille du prime, alors que nous sortions des douches et n'avions pas nos micros, j'ai demandé à Julie pourquoi elle avait révélé son secret à Rudy, qui l'avait buzzé au Confessionnal et venait de se faire sanctionner pour tricherie. Elle m'a confié que sa sortie du jeu était arrangée pour le vendredi et qu'elle avait voulu lui donner sa cagnotte avant de partir. La raison pour laquelle son élimination était planifiée ? La production avait été menacée de poursuites judiciaires à cause de son secret : « Une reine de la pop a brisé mon couple. » C'était un vrai secret (par opposition à d'autres qui ne le sont pas), Julie avait partagé la vie d'un danseur professionnel, qui un jour avait rencontré une star de la musique en tournée et avait quitté Julie alors qu'elle était enceinte. Endemol avait insisté pour que Julie vienne en parler dans l'émission, mais quand la star en question avait su qu'elle serait présentée comme une briseuse de couple à la télévision française, elle les avait menacés d'un procès et de ne plus jamais accorder aucune interview ou vidéo à TF1. Elle avait assez de pouvoir pour les faire reculer. Julie est devenue une candidate dérangeante qu'il fallait faire sortir.

Le vendredi soir est arrivé. La Voix dénonça officiellement les responsables de la nomination à vie : il s'agissait des jumeaux Zarko et Zelko, qui furent envoyés dans une pièce secrète pour les jours suivants. C'était leur sanction pour avoir été démasqués. J'aurais dû savoir que c'était eux dès le moment où Zelko avait tenté de me dire qu'il ne faudrait pas que je sois en colère contre ces personnes. J'avais promis de ne pas être furieuse, mais je ne pouvais pas m'empêcher de l'être un petit peu. J'avais passé dix jours à subir des reproches (et parfois des insultes) injustes, et quand les gens décident de vous détester, ça ne change rien que votre innocence soit prouvée ensuite. Certains gardent quand même quelque chose contre vous, par principe, pour ne pas se dédire totalement. J'essayais de me concentrer sur le principal : l'enquête était terminée. Mieux encore, c'était John, un de mes alliés dans la Maison, qui les avait démasqués.

Jonathan était un grand brun aux yeux bleus de vingt-six ans. Cultivé, réfléchi, tout en étant joueur et malicieux. Quand nous parlions, nous nous questionnions sur nos secrets tout en nous provoquant, et plus j'apprenais à le connaître, plus j'appréciais nos conversations et son caractère. John avait gagné le pouvoir de nominer quelqu'un d'autre à vie pour la semaine suivante. Mais avant cela, l'heure de l'élimination était venue et après une courte mise en scène réunissant les trois nominées dans le sas, c'est Julie qui a emprunté la porte menant vers la sortie. Cela indiquait donc que la production pouvait, si elle le voulait, désigner le candidat sortant à l'avance. Endemol avait annoncé à Julie qu'elle sortirait du jeu ce vendredi, à cause des menaces de procès venant de la star de la pop, et cela s'était réalisé. Qu'en était-il des votes du public ? Était-ce un phénomène régulier ou un cas exceptionnel lié aux circonstances ?

J'avais perdu mes deux alliées féminines en une semaine. Deux femmes avec un cœur en or, qui étaient sûrement trop gentilles pour ce jeu. Par chance, il me restait Morgan et John.

La vérité, c'est que moi aussi j'étais trop gentille, trop tendre, avec mes idéaux pacifistes, et ça s'était senti dès le départ. J'étais émotive et je refusais de faire du mal aux autres, deux traits de caractère que certains confondent avec de la faiblesse. Mais pour compenser, la nature m'a aussi donné une grande force mentale et une ténacité qui frôle parfois l'obstination. Le départ de mes deux amies ne faisait que m'encourager à me battre encore plus pour gagner ma place dans la Maison et défendre les couleurs des cœurs sensibles.

Troisième semaine

Nous étions désormais quinze dans la Maison. Je pouvais respirer un peu, sachant que c'était une semaine de nominations garçons. Il y avait certes une nouvelle nomination à vie qui planait et pouvait techniquement tomber sur n'importe qui, mais sur ce point j'étais protégée : c'était John qui avait gagné ce pouvoir et nous nous étions beaucoup rapprochés la semaine précédente.

Le dimanche après-midi, alors que je bataillais avec un vernis à ongles sur mon lit, il m'avait rejointe comme pour se cacher du reste du monde et avait soupiré :

– Ils sont tous en train de me demander qui je vais nominer, j'en ai marre.

J'ai répondu que si j'étais plus calculatrice, moi aussi je serais en train de le questionner. Il a souri et m'a dit :

– Toi tu n'as rien à craindre. S'il y a bien une personne que je ne veux pas voir partir, c'est toi.

C'en était assez pour qu'il gagne plus que mon amitié. Le soir même, on s'est embrassés. Le salon avait été transformé en piste de danse avec lumière tamisée pour la soirée « slows ». John et moi étions assis dans un angle du canapé blanc et les chansons romantiques nous ont fait oser ce que les néons et les points rouges brûlants des caméras nous empêchaient de faire pendant la journée. C'est curieux comme certaines mélodies permettent aux âmes séduites de se rejoindre. Nous avions la chance d'avoir au moins de la musique à l'intérieur de la Maison. Nous ne pouvions pas la choisir, mais on nous avait fait faire des playlists de nos chansons favorites avant d'entrer. Certains jours, on nous passait des morceaux venus de nos sélections personnelles.

J'étais sûre de mon choix avec John. J'avais eu le temps de l'observer car les couples naissent à l'envers dans *Secret Story*. Avant même de se connaître, on vit ensemble. Son élégance naturelle le faisait sortir du lot. Il n'avait pas besoin d'en faire des tonnes pour se sentir exister dans le jeu, ni d'écraser les autres. D'ailleurs, son tact et sa gentillesse lui valaient d'être apprécié par toute la Maison, à l'exception des jumeaux, ce qui n'amoindrissait pas son charme à mes yeux.

Quand je suis allée au Confessionnal ce soir-là, les journalistes ont presque sorti les trompettes : « Aloooors, vous êtes amoureux ? Qu'est-ce que tu aimes chez lui ? Ça pourrait être l'homme de ta vie ? » J'ai répondu que j'appréciais son intelligence et sa droiture, surtout dans l'environnement qui était le nôtre. Réponse sobre qui ne valait pas un sou pour dramatiser la quotidienne du lendemain, mais j'ai toujours été pudique sur mes sentiments. Ils ont tenté une autre approche : « En tout cas, c'était le bon moment pour se mettre en couple avec lui. Tu dirais que c'est un rapprochement stratégique pour ne pas être nominée à vie ? » Je ne me suis pas sentie insultée car je commençais à les connaître et à comprendre ce qu'ils cherchaient à nous faire dire au cours des interviews. Ils voulaient du croustillant. En l'occurrence, ils auraient bien aimé que je dise quelque chose comme :

« J'apprécie beaucoup John, il est beau et intelligent, mais c'est surtout un bon parti en ce moment », et si je l'avais fait avec un petit air de peste, ça aurait été encore mieux. Mais je ne suis pas comme ça et j'ai toujours détesté qu'on veuille me dicter mes actes ou mes paroles. Je leur ai rappelé que nous nous étions rapprochés bien avant qu'on lui accorde ce pouvoir de nomination et je suis sortie. Je ne savais pas si cette séquence leur serait très utile, mais au moins j'avais clarifié les choses.

Au niveau des conditions de vie, je commençais aussi à faire des ajustements. J'avais décidé que je ne me plierais plus aux douches de trente minutes imposées le matin. Parfois, je préférais prendre une douche glacée, à mon rythme, que de lutter pour avoir le jet. Il est vrai que nous avions mis au point une tactique entre nous : pendant que certains se savonnaient, d'autres se rinçaient et nous tournions sous le pommeau. Mais il y avait des jours où je n'avais pas envie de me laver dans la précipitation, collée à d'autres corps humides, alors je prenais de longues douches froides mais privatives. Tout a un prix. C'était une petite résistance personnelle et j'imaginais les gens de la production, derrière leurs écrans : « On a bien coupé l'eau chaude ce matin, vous êtes sûrs ? Il y a Morgane qui prend sa douche. » Je ne voulais pas enfreindre ouvertement les règles et m'attirer des ennuis, mais je commençais à les contourner.

Le lundi soir, John a décidé de nominer Zarko à vie. C'était un juste retour de bâton. Les jumeaux ont ensuite réintégré la Maison, plus déterminés que jamais à provoquer des conflits. Une énergie belliqueuse venue à la fois de leur naturel espiègle et des encouragements de la production : « Allez-y, vous les rendez fous, le public adore ça. » Mais à force de souffler sur les braises, la Maison allait connaître son premier embrasement.

Dès le mardi, Zelko et Rudy ont rejoint Zarko sur le banc des nominés. À eux trois, ils étaient les joueurs les plus provocateurs et calculateurs de la Maison. Ils étaient d'ailleurs désolés de devoir s'affronter dans le sas car ils s'appréciaient mutuellement. Ne doutant de rien, Zarko avait demandé comment annuler les nominations. Amusée qu'il se croie au-dessus des lois, j'avais répondu que c'était impossible sauf cas exceptionnel, si quelqu'un devenait violent et se faisait exclure de la Maison. C'était déjà arrivé dans les saisons précédentes et la production avait annulé les nominations en cours pour éviter que deux candidats ne sortent la même semaine. Suite à cette discussion, les jumeaux ont repris leurs activités en se mêlant chacun à des groupes différents.

Il y avait des soirs de fêtes monstrueuses dans la Maison. On se courait après avec des projectiles, on jetait des meubles dans la piscine et on y plongeait à plusieurs en se tenant les mains. On essayait de se défouler. À force de rester quasi immobiles tout le temps, sachant que le trajet le plus long d'un bout à l'autre de la Maison était de cinquante pas, nous avions besoin d'extérioriser et d'évacuer les tensions.

C'est lors d'un de ces soirs de fête qu'a eu lieu le premier pétage de plombs de notre saison. Ayem et Daniel étaient dans une phase compliquée, supportant de moins en moins le rapprochement imposé par leur secret commun. Ils ne se connaissaient pas avant le jeu et avaient découvert en entrant dans la Maison qu'ils devraient former un faux couple. Cela avait semblé facile au début, mais la promiscuité constante, leur caractère sanguin et le fait d'être « obligés » de jouer les couples alors qu'ils avaient parfois des envies et opinions différentes venaient à bout de leur tolérance mutuelle. Secret ou pas, il n'est pas facile de devoir constamment supporter des bisous et cajoleries venant d'une personne qu'on ne connaissait pas trois semaines plus tôt et avec qui on doit soudain vivre en permanence. De plus, ce jour-là, j'avais entendu Daniel se plaindre, en parlant vers le plafond : « Les gars, ça fait deux jours qu'on vous dit qu'on n'a plus de cigarettes et vous ne nous donnez rien. » Mais ça n'avait pas marché.

Alors que nous étions une dizaine autour de la table à manger, Daniel a demandé à Ayem s'il restait des carottes. Elle lui a répondu sèchement :

– Tu te lèves, tu regardes.

Daniel lui a dit de ne pas lui parler comme ça mais Ayem lui a lancé un « Je te parle comme je veux » corrosif et est venue s'asseoir en bout de table près de moi. Je voyais Daniel s'agiter. Soudain, il a bondi sur elle et a frappé violemment du poing sur la table en lui hurlant :

– Tu ne me parles pas comme ça !

Il a fait un brusque mouvement vers son visage mais Zelko et Rudy l'ont attrapé et l'ont éloigné. Daniel criait comme un enragé :

– J'en peux plus de cette salope, ça fait trois semaines qu'elle me casse les couilles !

La sécurité, incompétente pour intervenir au moment utile, est enfin arrivée et a emmené Daniel au Confessionnal.

Tout le monde a vérifié si Ayem allait bien. Elle était tendue mais pas extrêmement choquée. Elle n'avait pas été touchée. De mon côté, j'étais incapable de prononcer un mot ou de penser. Je le revoyais taper sur la table devant nous, la haine dans les yeux. Il y avait eu quelque chose d'horrible dans son regard. Comme s'il était prêt à tout pour la faire taire. Je ne parlais plus et m'étais déplacée à l'autre extrémité de la table. Sabrina m'a regardée avec inquiétude :

– Morgane, t'es toute blanche là, ça va ?

J'ai commencé à pleurer sans savoir pourquoi. Plusieurs personnes sont venues me consoler en me disant qu'il ne fallait pas que j'aie peur. Je leur disais :

– Je ne comprends pas pourquoi je pleure comme ça, ce n'est pas sur moi qu'il a crié.

Ayem elle-même est venue me voir et m'a dit sur un ton étonnamment doux :

– Tu n'as pas l'habitude de la violence, hein ?

– Non. Je ne sais pas comment tu fais pour ne pas pleurer.

Elle m'a caressé les cheveux et a ajouté :

– J'étais comme toi avant.

Daniel est ressorti du Confessionnal. Il était calmé mais je ne pouvais même pas le regarder. Ils ont appelé Ayem pour s'assurer qu'elle allait bien. Dès que je repensais à la scène, je me remettais à pleurer. La production m'a finalement appelée au Confessionnal. Quand je me suis assise, le journaliste m'a dit :

– Raconte-nous ce qui s'est passé.

– Vous avez bien vu ce qui s'est passé.

– Oui mais dis-le-nous avec tes mots.

J'ai essayé mais il s'est produit quelque chose d'étrange. Quand j'ai voulu parler, les mots se sont bloqués dans ma gorge et m'ont coupé la respiration. Je tentais de les faire sortir mais plus j'essayais, plus mon apnée durait. Je pouvais dire d'autres mots mais pas ceux-là. Je leur ai lancé, désespérée :

– Je ne peux pas, je ne comprends pas ce qui m'arrive.

– Si si continue, tu vas y arriver.

Je suffoquais. Plus j'insistais, plus je revoyais la scène et je manquais d'air. C'était comme si je rejetais physiquement ce qui s'était passé. J'avais vu quelque chose dans les yeux de Daniel que j'aurais préféré ne pas voir. Je savais qu'à ce moment-là, il avait perdu le contrôle. Il avait eu le temps de vriller, d'exploser, de taper sur la table, d'être attrapé par les garçons et la sécurité n'était toujours pas intervenue.

Je pleurais, je leur demandais pourquoi ils voulaient me forcer à raconter ce moment alors qu'ils avaient tout vu. Ils me répétaient qu'il fallait que je le décrive avec mes propres mots. J'ai fini par réussir à raconter la scène, de façon saccadée mais complète. Et après ça, j'en étais guérie. Je n'avais plus envie de pleurer.

Je suis ressortie et j'ai dormi avec Jonathan, heureuse d'avoir des bras rassurants dans lesquels me blottir.

Le lendemain matin, nous étions jeudi. On m'a appelée au Confessionnal pour savoir si j'allais mieux et comment je me sentais par rapport à Daniel. Si j'avais voulu, j'aurais pu dire que je ne me sentais pas en sécurité et lui faire quitter le jeu. Mais j'aimais bien Daniel, alors j'ai dit que s'il avait compris son erreur, ça irait, même si je ne saisissais pas comment ça avait pu dégénérer à ce point. La journaliste m'a répondu que c'était une semaine avec de grosses nominations et que cela rendait certains joueurs fous. J'ai acquiescé et je suis sortie, même si sa réponse ne m'avait pas semblé très logique.

Je me suis assise dans le jardin et j'y ai réfléchi. Soit la journaliste était complètement à côté de la plaque, soit elle savait quelque chose que j'ignorais, et il y avait plus de chances que ce soit la deuxième option. Quel était le rapport entre la dispute d'Ayem et Daniel et les nominations ? Eux n'étaient pas nominés. Soudain, j'ai réalisé. J'ai revu Zarko demander comment faire annuler des nominations et apprendre que seule l'exclusion d'un candidat pour violence pouvait les supprimer. Les jumeaux et Rudy avaient ensuite fait du bourrage de crâne à Daniel en lui répétant qu'Ayem se servait de lui et le faisait passer pour un idiot, en espérant qu'il craquerait et qu'ils seraient sauvés des nominations. J'ai couru dans le salon à la recherche du premier jumeau que je trouverais. Zelko était là, seul. Je lui ai parlé comme si j'étais Colombo :

– Je sais ce que vous avez fait. Vous avez poussé Daniel à bout pour faire annuler les nominations.

– Je vous ai dit que j'étais un dieu et que vous imploreriez mon pardon. Comment t'as compris ça ?

– Parce que c'est logique et que je t'ai entendu parler à Daniel dans le jardin.

Il a eu un petit rire suffisant et il venu prendre ma tête entre ses mains tout en approchant son visage du mien :

– Ce que tu dis est vrai, mais si tu essaies de le répéter, on te fera passer pour une folle.

Il avait un air diabolique mais il ne me faisait pas peur. Je n'étais plus toute seule dans le jeu, et à partir de ce moment, je ne me gênerais pas pour saboter tous leurs plans. Ça faisait deux fois que son frère et lui semaient la pagaille dans la Maison et que j'étais à deux doigts de me prendre des jets de projectiles à cause d'eux. On ne m'avait pas dit de prendre un bouclier et une armure dans mes valises, je n'étais pas équipée pour ça.

Le reste de la journée s'est déroulé normalement, hormis un froid glacial entre Ayem et Daniel. La production n'a pas diffusé le moment où Daniel a tapé sur la table et a camouflé la violence de l'affaire. Il y a quand même eu un passage de cette scène dans la quotidienne de ce jour-là, mais la production a utilisé les images de la caméra qui était la plus éloignée de la table. Ainsi, on entend Daniel insulter Ayem et on distingue un attroupement, mais l'angle ne permet pas de voir qu'il est tenu par deux autres candidats, ce qui signalerait qu'il y a eu un débordement violent juste avant. Si ça avait été quelqu'un d'autre, il aurait sûrement été exclu, mais Ayem et Daniel étaient le couple sexy de la saison et Endemol ne voulait pas les perdre. Tant mieux pour eux, ils avaient eu un joker.

Le soir, John a demandé si nous pouvions dormir dans la Love Room pour la nuit. Une chambre située à droite du couloir des Quatre Éléments et accessible par le salon. Elle était réservée aux couples, munie d'une fermeture automatique, d'un grand lit et de draps en satin. On y trouvait également quatre caméras placées dans des angles différents et deux micros multi-directionnels. L'utilité de cette chambre était claire, mais pour nous, c'était surtout un moyen d'avoir une nuit de calme et d'échapper aux dortoirs de dix personnes pour un soir. Nous y sommes allés avant tout pour avoir un moment de répit. Ensuite, abrités sous la couette, une intimité en a entraîné une autre. Nous avons oublié la folie de la Maison pendant un temps, et nous sommes redevenus deux jeunes d'une vingtaine d'années, dans l'insouciance d'un amour de vacances.

John s'est endormi et je suis ressortie en quête d'un en-cas nocturne. Il devait être deux ou trois heures du matin. Je suis tombée sur Juliette dans la cuisine. Elle était ma co-cadette de vingt ans. Une magnifique danseuse avec des cheveux de lionne et un esprit indomptable. Cette dernière cherchait aussi quelque chose à manger. On ne s'appréciait pas vraiment car elle était proche d'Ayem, mais pour le moment, nous avions faim toutes les deux. Unies par notre appétit, nous nous sommes mises à faire des gaufres en pleine nuit. C'était l'une des autres particularités de la Maison, il pouvait y avoir des moments de complicité improbables entre deux personnes censées être ennemies. Cela arrivait plutôt la nuit, quand La Voix et les journalistes étaient partis dormir. Il y avait toujours une ou deux personnes de garde, mais on sentait moins la pression du jeu. Avec Juliette, nous avons commencé à parler des secrets. Certains indices indiquaient déjà une personne transgenre. J'ai orienté sur Marie, qui avait précédemment avoué plusieurs opérations de chirurgie esthétique. Juliette a tout de suite réagi :

– C'est impossible, elle n'a pas de pomme d'Adam.

– Elle l'a peut-être fait enlever, ça peut s'opérer.

– Comment tu le sais, que ça s'opère ?

Ça va vite, en fait, de se faire griller.

– Parce que c'est connu, j'ai vu des reportages sur le sujet. Et toi, comment tu le sais ?

– Je connais beaucoup de gens dans le milieu de la danse et je le sais.

J'ai fini ma gaufre et je suis retournée me réfugier dans la Love Room. J'étais toujours bel et bien dans la Maison des secrets.

Le vendredi soir est arrivé. Geof, un grand blond rieur, avait découvert le secret de Sabrina : « Je vis avec les poumons d'un autre. » Elle s'est assise dans le fauteuil rouge des révélations et nous a donné une leçon de résilience et de courage en partageant son histoire avec nous ainsi qu'avec des millions de téléspectateurs en direct :

– À quatre mois, on a annoncé à ma maman que j'avais la mucoviscidose. J'ai eu une enfance perturbée mais heureuse, malgré le fait d'avoir grandi dans les hôpitaux. J'y ai passé les trois quarts de ma vie, avec des traitements, des médicaments et un masque à oxygène. En 2002, j'ai réalisé mon rêve de devenir maman d'un petit garçon à qui je pense très fort. Mais en 2006, mon état s'est dégradé et on m'a inscrite sur une liste de greffe. J'ai attendu onze mois, je pesais trente-six kilos, je ne marchais plus et je ne respirais que grâce à des machines. J'ai toujours gardé espoir, et un soir on m'a enfin appelée pour me dire que j'allais recevoir mes organes, donc mes poumons. Après onze heures d'opération, je me suis réveillée avec du souffle, ce qui était une sensation que je ne connaissais pas. Je ne suis pas guérie, j'ai encore un traitement et je sais que vous n'êtes pas médecins mais pour vous donner une idée du changement, je suis passée de 13 % de souffle à 98 %. Aujourd'hui, j'ai repris du poids, je vais bien, et je suis très heureuse.

Nous avons entendu le public applaudir et l'acclamer. Benjamin Castaldi lui a demandé si elle avait un message à faire passer. Elle a repris la parole :

– Je ne vais pas passer l'émission à vous faire du bourrage de crâne, mais je demande aux candidats et aux gens qui nous regardent de prendre position sur le don d'organe. Un donneur peut sauver jusqu'à sept vies, et je pense que ça demande réflexion car le don de soi et sauver des vies, c'est ce qu'il y a de plus beau.

Le public l'a à nouveau acclamée. Sabrina était une battante, dont le look de blondinette cachait une détermination phénoménale. Et aujourd'hui, huit ans plus tard, si j'ai une carte de donneuse d'organes, c'est grâce à elle.

Quand l'heure de l'élimination a sonné, Rudy a quitté le jeu. Les jumeaux sont revenus du sas plus conquérants que jamais, prêts à élaborer de nouveaux plans machiavéliques.

Quatrième semaine

Dès le samedi après-midi, certains d'entre nous se sont rendus au Confessionnal pour demander une carte de donneur d'organes. Les mots et le parcours de Sabrina nous avaient touchés et nous voulions montrer que nous étions prêts à prendre position. Notre demande s'est vu opposer un refus net de la production :

– Vous ferez ça à votre sortie si ça vous tient toujours à cœur.

Le sujet, après avoir étincelé quelques instants la veille, avait été mis de côté et ne devait pas nous détourner du jeu.

Quand les nominations arrivèrent, cinq garçons furent placés sur la sellette : Geof, Zarko, Morgan, Simon et Geoffrey.

Simon avait vingt ans et incarnait l'archétype du rebelle tatoué au grand cœur. Il y avait une philosophie profonde en lui, mais aussi une envie de rire du quotidien et de ne rien prendre au sérieux. Il a fait partie des premiers à refuser de suivre les consignes des voix du plafond, en s'obstinant par exemple à rester dans une chambre quand on lui demandait d'aller dans le salon.

Geoffrey avait vingt-trois ans et était entré en couple avec Marie dans la Maison. Ils partageaient un secret à quatre avec Aurélie et Geof : « Nous avons échangé nos couples. » Marie faisait semblant d'être en couple avec Geof, pendant qu'Aurélie et Geoffrey faisaient semblant d'être frère et sœur. Ces secrets fabriqués et distribués par Endemol (tout comme le secret du faux couple formé par Ayem et Daniel) sont appelés « secrets mécanisés » ou « secrets de la production ». Ils sont donnés aux candidats dans le but de créer des intrigues et situations cocasses. Dans le pire des cas, les joueurs se détestent et finissent par se disputer. Dans le meilleur des cas, ils s'adorent et se mettent vraiment en couple, le tout sous l'œil gourmand des caméras.

Ce groupe de quatre traversait l'aventure en sous-marin. Ils se mêlaient aux autres mais restaient liés entre eux. Ce secret à quatre était en fait un avantage énorme. À eux seuls, ils représentaient presque un quart des habitants et pouvaient se protéger toutes les semaines. Nous ne le savions pas encore mais ils seraient le groupe le plus préservé et avantagé de toute l'aventure.

Pendant que la production apportait un soin de tous les instants aux histoires de couples et drames hebdomadaires de la Maison, la salubrité de notre palace déchu laissait de plus en plus à désirer. Certains oubliaient de la nourriture qui moisissait dans tous les coins, la poussière se déposait partout et nous n'étions plus les seuls habitants sur place, rejoints par des cafards qui rampaient sur le sol. Ce n'est pas que nous étions trop paresseux pour faire le ménage, mais nous n'avions aucun matériel pour le faire. Pas d'aspirateur (cela aurait fait trop de bruit et brouillé la captation des micros), pas de seau ni de serpillière, tout juste un balai et des gants en caoutchouc qui s'étaient retrouvés pleins de crasse après deux jours. Entre ça et la douche commune, notre hygiène ne faisait vraiment pas partie des préoccupations de la production. Mais priorité ou non, la Maison devenait invivable, écœurante de saleté. Ce qui était dérangeant pour tous et particulièrement dangereux pour Sabrina, sensible à la poussière et aux microbes. Face à nos plaintes, Endemol a dû trouver une solution et a eu l'idée de mettre en scène nos sessions de nettoyage en organisant des défis « Sexy Ménage ». On nous déposait aspirateur, chiffons et tenues légères comme des sous-vêtements ou des costumes de soubrette dans le cellier. Nous devions alors nous mettre en groupe et l'équipe qui avait été la plus sexy en nettoyant remportait une somme d'argent. C'était un package qu'il fallait prendre en entier ou pas du tout : le matériel de ménage, le défi par équipe et les tenues affriolantes. C'était ça ou rester dans la crasse. Et je dois dire que sur le coup, j'étais tellement heureuse de pouvoir nettoyer la Maison que l'idée d'exposer mon corps pour le faire était secondaire. La joie de vivre dans le propre l'emportait. Sans compter que le fait de voir certains garçons s'affairer en tenue de soubrette était un point de marqué dans la bataille universelle pour l'égalité des sexes.

Toutes les quatre semaines, il y avait pourtant une femme de ménage qui venait. La première fois que la production nous l'a annoncé, après nous avoir rassemblés au salon et avoir verrouillé les portes pour que nous ne puissions plus accéder aux dortoirs, nous étions fous de joie. Nous nous voyions déjà avec des draps, des serviettes et des couettes propres. Mais quand ils nous ont permis d'accéder à nouveau aux chambres, elles n'étaient pas vraiment plus propres. Morgan et moi, nous avons même cherché ce qui avait été nettoyé. On a fini par trouver : les vitres et les miroirs, car il y avait les caméras derrière. Les traces noires au sol avaient aussi disparu. La qualité des images était-elle plus importante que notre qualité de vie aux yeux d'Endemol ?

Concernant les draps, nous avons réclamé de les changer et la production nous a fait passer huit parures de draps propres après quatre semaines. Nous étions cependant encore quatorze, et cette information ne pouvait pas leur avoir échappé. Était-ce par simple négligence ou était-ce intentionnel ? Difficile de le savoir, mais en attendant, cela nous plaçait une fois de plus dans une situation inconfortable. Certains se sont sacrifiés en pensant qu'il y aurait un autre approvisionnement mais il n'y en a pas eu. En trois mois, ils ne nous ont donné des draps propres qu'une seule fois. J'ai eu la chance de récupérer une parure propre à ce moment-là, et je l'ai gardée jusqu'à la treizième semaine.

Nous n'avions évidemment pas de machine à laver dans la Maison, bien trop bruyante pour être autorisée. Rien ne doit gêner la prise de son. Quand nous voulions laver nos affaires, nous devions les mettre dans un sac spécial et les déposer au cellier le dimanche soir, pour ensuite les récupérer lavées le jeudi soir. À en juger par l'état de nos vêtements quand ils revenaient, ils étaient lavés de façon brutale à très forte température. Beaucoup de nos affaires revenaient endommagées. Nous avons exprimé notre mécontentement au début, et puis nous nous sommes fait une raison. Comme tout le reste, cela faisait visiblement partie du prix à payer pour être dans ce jeu télévisé et prétendre au gain de 150 000 euros.

Les conséquences physiques et psychologiques de l'enfermement continuaient à se manifester. Côté physique, nous prenions du poids. Nous n'avions plus aucune activité sportive du jour au lendemain. On nous avait promis des machines de sport avant d'entrer, au moins pour l'entretien musculaire, mais elles n'étaient jamais arrivées. Je les avais demandées à nouveau au Confessionnal et on m'avait répondu que je n'avais qu'à nager dans la piscine. J'aurais bien aimé, mais il y avait deux gros blocs carrés décorés de mandalas au milieu, ce qui permettait de faire au maximum cinq brasses dans le même sens, et dès que nous étions à plusieurs il était de toute façon impossible d'y nager.

J'étais agacée par ces revirements de la production sur ce qu'ils nous avaient promis au départ et qui n'était finalement pas du tout respecté dans la Maison. « Ne vous inquiétez pas, il y aura des machines pour faire du sport », « Ne vous inquiétez pas, il y aura les médicaments dont vous aurez besoin », « Ne vous inquiétez pas, on vous indiquera le nombre exact de caméras, de micros et leur emplacement. » Certains étaient visibles mais d'autres étaient dissimulés dans la Maison. Je posais des questions au Confessionnal, auxquelles des journalistes me répondaient vaguement en me faisant comprendre que ce n'était pas leur priorité. Je n'insistais pas car j'avais peur d'être sanctionnée si j'en demandais trop et je me persuadais que ce n'était pas si grave, que c'était une expérience de vie intéressante. Mais tout en essayant de me convaincre que tout allait bien, je sentais que mon corps et mon mental s'engourdissaient, érodés par ces conditions de vie.

Il était d'autant plus difficile de gérer notre poids qu'en ce qui concernait l'approvisionnement en nourriture, la production organisait des périodes de pénurie suivies de phases d'abondance. Ils venaient remplir les frigos le mardi et le vendredi. Ils avaient un petit stock derrière le cellier et allaient faire les courses dans un supermarché le reste du temps. Ils auraient pu mettre à manger régulièrement s'ils l'avaient voulu. Mais non, chaque semaine, c'était pareil : on n'avait presque plus rien, on faisait les fonds de frigo, quand soudain, pluie de nourriture. Pas des aliments sains et équilibrés malheureusement, mais des pizzas surgelées, des steaks en barquettes, du fromage sous plastique, des salades en sachet, des crèmes dessert, des cornets de glace, des cookies, des brownies, de la pâte à tartiner, des pains au lait, des paquets de pâte à crêpe et gaufre, et au milieu de tout ça, dix tomates et deux boîtes de haricots verts.

La production avait toujours cette façon étonnante de compter pour la nourriture. Ils savaient que nous étions quatorze dans la Maison par exemple, pourtant ils ne mettaient que sept steaks hachés dans le frigo. Résultat, certaines semaines il fallait se précipiter et batailler pour avoir de la viande. Seuls ceux qui arrivaient en premier et avaient la présence d'esprit de ne pas s'éloigner des poêles pendant la cuisson repartaient victorieux.

Les courses de la semaine étaient censées résulter de nos commandes écrites sur un tableau placé dans le cellier. Sur ce tableau, nous inscrivions ce dont nous avions besoin en matière de courses : nourriture, papier toilette, liquide vaisselle, etc. Si nous voulions voir un coiffeur ou une esthéticienne, nous pouvions demander à faire venir quelqu'un, soit en l'inscrivant sur le tableau, soit en le demandant au Confessionnal. La personne était mandatée et venait s'occuper de nous dans une petite pièce, sous la surveillance d'un agent de sécurité qui vérifiait qu'elle ne nous donne pas d'information sur l'extérieur. Elle n'avait pas le droit de nous parler, sauf pour nous demander la longueur ou la couleur que nous voulions. Le prix de la prestation était alors retenu sur notre salaire. Une seule fois pendant l'aventure, j'ai demandé à voir un coiffeur pour une coupe et une couleur. On m'a annoncé que ce serait 250 euros juste pour la couleur. J'ai annulé ma requête et j'ai laissé mes cheveux devenir ce qui leur plairait.

Mais revenons au tableau. Si nous avions besoin de quelque chose, en théorie il suffisait de l'écrire et eux le voyaient grâce aux caméras. Ils venaient effacer le tableau tous les soirs, lors des phases nocturnes pendant lesquelles le salon était fermé et inaccessible, et nous devions considérer qu'ils avaient pris acte de nos demandes. Parfois cela fonctionnait, parfois non et il fallait réinscrire la même chose plusieurs fois. Parfois même nous retrouvions le tableau recouvert d'illustrations moqueuses, représentant par exemple de petits bonshommes dans une maison sale, entourés d'excréments et de mouches qui mouraient. Parfois nous y étions dessinés sous les traits d'animaux. Mais nous étions toujours privés du matériel adéquat pour vivre proprement. Il était d'ailleurs curieux que certains employés de la production trouvent le temps de nous gratifier d'illustrations pour se moquer de nos conditions de vie, mais pas celui de nous faire passer des produits d'entretien.

Côté psychologique, ce n'était pas mieux et nos esprits s'encrassaient autant que nos corps. Un jour, Simon est venu me demander si j'avais rêvé d'autre chose que de la Maison depuis que j'étais à l'intérieur. J'ai réalisé que non et il m'a dit que tous les gens à qui il avait posé la question étaient dans le même cas. Nous rêvions à 99 % de *Secret Story* et des gens à l'intérieur. La coupure avec l'extérieur et l'interdiction des contacts avec les techniciens portaient leurs fruits. Nous vivions dans une bulle, physiquement et psychologiquement, et cela se répercutait aussi sur notre langage.

L'isolement et le manque de stimuli intellectuels faisaient que nous subissions tous un appauvrissement de notre vocabulaire. Je le sentais personnellement, certains noms et mots m'échappaient. Ils n'étaient plus accessibles dans mon cerveau alors que je les utilisais tout le temps à l'extérieur. Le nom de la dame blonde qui présentait le journal sur TF1 à l'époque, la conjugaison de tel verbe au passé simple ou même mon numéro de téléphone. Envolés.

Ces éléments faisaient vite dégénérer les tensions entre nous. Nous avions moins de patience et moins de contrôle sur nos nerfs que dans la vie normale, et c'était manifestement voulu. Pour justifier ces conditions de vie déplorables, la production se retranchait toujours derrière la même réponse : « C'est pour les besoins du jeu », mais ça ne permettait pas de tout expliquer. Autant je pouvais le comprendre sur certains points, comme le fait d'être coupés du monde extérieur, autant il n'y avait aucun argument valable pour nous priver d'heure. Pourquoi nous empêcher de savoir l'heure qu'il était, si ce n'était dans le seul but de nous désorienter et de nous pousser dans nos retranchements psychologiques ?

En milieu de semaine, Daniel et Ayem se sont à nouveau disputés. Cette fois, c'est Ayem qui est devenue violente. La tasse qu'elle avait dans les mains lui a servi de projectile et a fini sa vie en explosant sur l'épaule de Daniel. C'était triste d'en arriver là mais visuellement, c'était épique. Ce fut pour nous un événement légendaire, auquel nous faisions souvent référence. C'était même devenu une blague récurrente entre nous : « Attention, je vais aller chercher une tasse. » Sauf que cette scène n'a jamais été diffusée non plus et qu'il est devenu gênant de la mentionner si souvent. Pour que nous cessions d'en parler, un jour La Voix nous a déclaré solennellement : « La tasse n'a jamais existé. » C'était un moyen de nous faire comprendre que cela n'avait jamais été divulgué au public et ne devait plus être abordé.

Le vendredi soir est arrivé, prêt à chambouler une fois de plus le cours du jeu grâce à l'apparition d'un nouvel élément : le téléphone rouge. Un téléphone qui pouvait sonner n'importe quand pour nous annoncer de bonnes ou de mauvaises nouvelles, à la manière des cartes Chance du Monopoly. Quand nous entendions la sonnerie, nous avions trente secondes pour tous nous réunir autour du combiné, sous peine d'être collectivement nominés.

Ce téléphone rouge fraîchement activé sonna plusieurs fois. En fait, La Voix demandait à s'adresser directement aux candidats qui l'intéressaient. Elle a tout d'abord offert une immunité à Aurélie et Marie pour la semaine suivante. Ces dernières ne pourraient pas être nominées. Puis la sonnerie a retenti à nouveau. J'ai couru avec le groupe pour parvenir autour de l'engin dans les trente secondes réglementaires, mais, perchée sur des chaussures à talons, je n'étais pas la plus rapide. Qu'à cela ne tienne, La Voix avait un plan pour moi et a demandé qu'on me passe le combiné personnellement. J'étais positivement curieuse en le portant à mon oreille, presque flattée. On m'avait réservé une demande spéciale : « En qui as-tu le plus confiance dans la Maison ? » Ça pouvait être une question piège, mais j'étais obligée de répondre « John » et c'est ce que j'ai fait. La Voix m'a alors ordonné de passer le téléphone à John et lui a déclaré : « John, tu viens de remporter une nomination d'office pour la semaine prochaine. Tu as le choix entre la donner à Morgane et la garder pour toi, que souhaites-tu faire ? » Le pauvre John, qui n'en demandait pas tant en recevant le combiné, a choisi de la garder pour lui et de se nominer pour m'épargner. C'était noble de sa part, mais tout en refusant d'être un goujat devant des millions de téléspectateurs, il a ressenti un grand sentiment d'injustice. Pendant que certaines gagnaient des immunités, d'autres se faisaient nominer d'office.

Le téléphone rouge ne s'est pas arrêté là, bien décidé à influer sur le sort des cinq nominés de la semaine : Zarko, Morgan, Geoffrey, Geof et Simon. D'abord, son combiné écarlate expédia Juliette dans une petite maison parallèle. Ensuite, il bidouilla un faux sas éliminatoire entre Simon et Geoffrey. Le premier revint dans la Grande Maison et le second rejoignit Juliette dans la Petite Maison. Leur nomination était dès lors annulée. Quand la fin du prime est arrivée, Zarko, Morgan et Geof ont dû se rendre dans le sas et l'élimination s'est alors jouée uniquement entre eux. C'est finalement Morgan qui a quitté le jeu, annoncé comme celui qui avait recueilli le moins de soutien. Je trouvais ça extrêmement douteux car premièrement, l'élimination aurait dû se dérouler entre cinq personnes au lieu de trois, et deuxièmement, Morgan avait une des plus grandes cotes de popularité auprès du public, bien supérieure à celle de Geoffrey ou de Simon, mais La Voix les avait soustraits des nominations pour les sauver, car ils étaient en couple dans la Maison. Malheureusement pour lui, Morgan ne l'était pas et il était donc moins intéressant en termes de dramaturgie.

C'est ainsi que dès son entrée en scène, le téléphone rouge s'est imposé comme un outil permettant à Endemol d'intervenir pour protéger ou handicaper certains candidats, tout en se cachant derrière les « aléas » du jeu.

De mon côté, je me sentais cruellement coupable vis-à-vis de John. En donnant son nom et en lui passant le téléphone, c'était comme si je lui avais refilé le choléra, même si je n'avais aucun moyen de savoir ce qui allait se passer. C'était quand même moi qui lui avais transmis le combiné infesté. Comme si, au milieu d'une prise d'otages, le braqueur m'avait demandé de désigner la personne à qui je tenais le plus, sans me laisser le choix ni m'expliquer pourquoi. Puis, une fois la personne désignée, lui avait annoncé qu'elle aurait le privilège de servir de bouclier humain. J'avais l'impression d'avoir jeté mon petit ami sous les roues d'un autobus. Bon, c'est peut-être un peu excessif comme comparaison, d'accord, le pauvre John ne risquait pas de mourir non plus. Mais souvenons-nous que les enjeux de *Secret Story* sont élevés. Ce n'est pas juste un jeu, c'est la chance pour l'un d'entre nous de changer de vie en gagnant 150 000 euros. Refiler une nomination à quelqu'un, c'est lui faire courir le risque d'être éliminé, et donc de perdre un futur plein de possibles et les rêves qui sont nés en lui au début du jeu.

Ce soir-là, j'ai fixé les globes noirs et luisants des caméras avec un sentiment étrange. Même si ce n'était que la quatrième semaine, je commençais à pressentir que le plus grand danger qui planait sur nous ne venait pas des autres candidats. Il venait du pouvoir au-dessus de nous, qui scrutait et organisait méticuleusement nos craquages et notre progression dans le jeu.

Cinquième semaine

Le lendemain, John était devenu distant, éteint. Il n'acceptait pas le coup de la nomination d'office et se renfermait sur lui-même. Il se traînait d'une pièce à l'autre en boudant. Je ne peux pas dire que je ne le comprenais pas, mais je voulais qu'il se reprenne, qu'il me parle et qu'il se batte pour rester. Quand on est nominé, il faut redoubler d'énergie et d'efforts pour convaincre le public que nous méritons de continuer. Il faut faire campagne, comme des politiciens en quête de votes. La téléréalité, c'est avant tout une guerre d'image.

J'étais partie broyer du noir sur le canapé blanc du salon, quand Aurélie, une Belge de vingt-trois ans, m'a ramenée à la réalité du jeu :

– Il faut que tu te prépares à le voir partir, ça dépendra de qui sera en face de lui dans le sas.

Il fallait effectivement déjà penser aux prochaines nominations, d'autant plus que c'était une semaine de nominations filles. Cependant la production avait pris ses dispositions. Le téléphone rouge avait décidé que ce serait Juliette, dans sa Petite Maison, qui choisirait les deux nominées de la semaine.

Le mardi, quand l'heure est venue pour Juliette de rendre son verdict, elle a donné deux noms sans hésiter : Ayem et Morgane. Il n'y avait pas d'échappatoire. J'étais nominée aux côtés de John et d'Ayem, et l'un d'entre nous quitterait définitivement l'aventure le vendredi.

Il y avait eu trop d'interférences de la production pour que j'y voie un simple coup du sort. Entre ça et les prouesses du téléphone rouge pendant le prime, je soupçonnais Endemol d'avoir tout orchestré pour que John et moi soyons nominés l'un contre l'autre.

Je me suis rendue au Confessionnal pour les confronter :

– Sur six filles, il y en a deux qui sont immunisées par le téléphone rouge et une troisième que vous avez protégée en la mettant dans une maison parallèle. Et ensuite, au lieu de laisser les garçons nominer normalement, c'est à Juliette que vous donnez le pouvoir. Donc là, forcément, sur les trois filles qu'il reste, je fais partie des deux nominées, ce n'est pas équitable.

La journaliste du Confessionnal m'a répondu avec un calme olympien :

– Ah, mais le jeu n'est pas forcément équitable.

J'ai reçu sa réponse comme une claque. C'était l'aveu que je redoutais. La production faisait en sorte que le jeu se déroule comme elle l'entendait et elle aurait toujours le dernier mot. Il n'y avait rien à faire pour l'en empêcher.

Je suis ressortie du Confessionnal un peu sonnée. Après les conditions de vie déplorables que nous subissions, il fallait encore qu'ils interviennent dans le jeu et inventent des scénarios tordus auxquels nous soumettre ?

Une partie de moi se révoltait en silence, lentement, mais une autre craignait de subir la colère d'Endemol si j'osais dire que certaines de leurs pratiques flirtaient avec l'illégalité. J'en avais bien conscience, je le suggérais parfois dans mes tournures de phrases, mais ils avaient toujours le don de renverser la situation en me répondant par exemple : « On t'a choisie parmi des milliers de personnes, tu te rends compte de la chance que tu as ? » ou : « Pense à ta famille, ce serait dommage que tu quittes le jeu bientôt ou que tu abandonnes. » Ils me faisaient me sentir minuscule, ingrate, idiote… Et l'étudiante en droit que j'étais se taisait. Parce que j'avais vingt et un ans, parce que je ne savais pas encore reconnaître l'abus psychologique et parce que je ne voulais pas trahir la mission que je m'étais donnée en venant ici. Mission qui pouvait échouer misérablement si je sortais le vendredi suivant. Je n'avais pas de temps à perdre en lamentations. Ça faisait cinq semaines que tous les soirs, dans mon lit, je répétais ce que j'allais dire le jour où je pourrais révéler mon secret au public. Je ne pouvais pas abandonner, qu'allait penser mon père si je quittais le jeu parce que « c'était trop difficile » ? C'était hors de question.

Les deux jours suivants, un mur s'est dressé entre John et moi. J'essayais d'aller vers lui mais il me fuyait car il me voyait à présent comme la cause de son malheur. Nous en étions manifestement au stade du chacun pour soi. Il voulait mettre un frein à notre relation ou plutôt s'en débarrasser pour éviter que la production ne s'en serve contre lui. Mais il ne voulait pas le dire clairement. Il se contentait de se transformer en glaçon à mon approche ou d'aller dans des pièces différentes. Malheureusement pour lui, il ne pouvait pas s'échapper bien loin.

Il a fallu que je le traque dans la Maison. J'ai compris qu'il était temps d'avoir la discussion finale et j'ai pris les devants :

– John, il faut qu'on parle.
– Non, pas ce soir.
– Si, moi je veux discuter. Qu'est-ce qu'on fait ?
– On n'est pas obligés de mettre des mots dessus, on n'a qu'à laisser couler.
– Non, on dit les choses, soit on est en couple, soit on ne l'est pas.
– Eh bien moi, j'ai besoin de me retrouver seul. Je ne pense pas que ce soit bénéfique d'être en couple dans l'aventure et je n'y arrive pas.
– D'accord, alors on n'a qu'à dire que c'était bien et…
– Tout est dit.

Voilà, on avait rompu. En fond, on entendait les caméras zoomer sur nous pendant nos silences. Il m'a regardée, désolé, et m'a prise dans ses bras. Je n'ai rien su faire d'autre que de pleurer contre son torse. Il s'était nominé pour me protéger, et finalement, nous serions dans le sas tous les deux après nous être séparés.

Je me retrouvais isolée dans la Maison après avoir perdu tous ceux avec qui j'avais des affinités. Je me préparais à rejoindre bientôt Morgan, n'ayant plus de soutien ni d'ami proche à l'intérieur. Quand soudain, une voix tonitruante s'est mise à résonner dans toutes les pièces pour me défendre et me soutenir : celle de Zelko. Il était écœuré du comportement de John et le criait haut et fort :

– Ce n'est pas bien ce qu'il fait. Il prend la nomination et après il regrette et il la lui fait ressortir par les trous de nez. Qu'il ne la prenne pas si c'est comme ça.

Dès que quelqu'un émettait une critique pour dire que j'étais tout de même un peu responsable du sort de John et de notre rupture, il s'y opposait férocement.

Il faut comprendre que le cas Zelko est un cas à part dans l'humanité. C'est une force de la nature qui obéit à ses propres lois. Ni sa famille, ni la logique ne peuvent lui faire entendre raison. Il n'écoute rien d'autre que lui-même. Mais derrière son caractère volcanique imprévisible, se cachent une bravoure et un sens de la justice inflexibles. Il avait observé de loin, et il ne supportait pas le fait que John ait joué les chevaliers en prime time pour ensuite se débarrasser de moi. Quand certains s'amusaient à me dire que plus personne ne me voulait dans la Maison et qu'on allait me faire dégager, Zelko, bientôt accompagné de son frère Zarko, les rabrouaient en disant que j'avais ma place dans le jeu et qu'ils me soutiendraient coûte que coûte. Zelko venait même me donner des conseils pour gérer ma semaine de nominée, en grand expert qui avait fait trois sas, et rouspétait en me disant d'arrêter d'être trop gentille avec John, contre qui je n'avais aucune rancune.

Le vendredi est arrivé, inéluctablement. Les deux autres nominés et moi avons fait nos valises. Je me voyais potentiellement rentrer chez moi, sans avoir pu parler une seule fois de mon père. Le prime a commencé. Juliette et Geoffrey ont réintégré la Maison. Nous avons tous répondu à des questions en étant soumis à un prétendu détecteur de mensonges : « Morgane, regrettes-tu d'avoir eu une aventure avec John ? », « John, as-tu vraiment eu des sentiments pour Morgane ? » Puis La Voix a annoncé qu'il était temps pour les nominés de dire au revoir aux habitants. C'étaient peut-être mes dernières minutes.

Ayem, John et moi nous sommes rendus dans le sas. C'était une pièce aux murs violets à pois blancs, munie de deux doubles portes : les premières donnaient sur la Maison des secrets, et les secondes menaient vers la sortie. Benjamin Castaldi s'est connecté et s'est adressé à chacun de nous. Quand ce fut mon tour, il m'a dit :

– Morgane. Une très jolie personnalité, Morgane. Un peu à fleur de peau parfois.

Ayem m'a regardée de travers. J'ai ri et j'ai voulu minimiser :

– Un petit peu, oui.

Il a continué :

– Et puis votre sensibilité n'a pas toujours touché les autres. Accusée à tort de tous les maux de la Maison. On verra si le public a su voir la vraie Morgane ou non.

Il a repris :

– La première personne à retourner dans la Maison… a les cheveux bruns.

C'était notre cas à tous les trois. Il a poursuivi :

– La première personne à retourner dans la Maison… porte une robe.

Ayem et moi étions toutes deux concernées. Il a enchaîné :

– La première personne à retourner dans la Maison… c'est Ayem !

Elle s'est exécutée et nous sommes restés dans le sas avec John, pour le tête-à-tête de l'enfer. Benjamin a repris :

– Et voilà, c'est vraiment l'ironie du sort, les ex-amoureux face à face.

Je n'aurais personnellement pas parlé d'ironie du sort, sachant qu'il avait fallu plusieurs interventions du téléphone rouge pour en arriver là : une nomination d'office, deux immunités, une maison parallèle et le pouvoir de nomination offert à une unique personne, mais passons. Mon avenir dans l'aventure était en jeu. Benjamin a rendu son verdict final :

– Et la personne qui quitte l'aventure ce soir… C'est… C'est Jonathan ! Morgane, vous retournez dans la Maison des secrets !

J'ai ressenti une onde de choc, puis deux émotions totalement contraires. Une immense joie de pouvoir continuer et une profonde tristesse pour John. On s'est enlacés une dernière fois, il m'a dit de vivre mon aventure à fond et je suis retournée dans la Maison.

Quand ils m'ont vue revenir, les jumeaux ont couru à ma rencontre dans le jardin et m'ont prise dans leurs bras, Zelko sur ma gauche et Zarko à ma droite. C'était l'un des meilleurs câlins du monde. J'avais gagné deux protecteurs au grand cœur. J'avais encore du temps dans la Maison. Je n'avais pas échoué dans ma mission et tout était possible.

John nous a révélé son secret depuis le plateau : il était franc-maçon. Ça lui allait bien. Cela correspondait à la personnalité distinguée et intelligente qu'il avait dévoilée pendant le jeu, abstraction faite de la dernière semaine, que je lui pardonnais car je savais qu'il avait changé face à la crainte d'être éliminé. Il nous a souhaité une bonne aventure et l'écran s'est éteint.

J'étais revenue à l'intérieur mais quelque chose avait changé. Je suis allée voir Zelko et je lui ai déclaré :

– Passe-moi une cigarette.

Il était choqué par ma demande :

– Toi, la fille qui fait hyper attention à sa santé, tu veux une cigarette ?

Il savait que je mettais un point d'honneur à respecter mon corps et mon esprit, ou en tout cas que je faisais de mon mieux. Depuis cinq semaines, il m'entendait régulièrement dire que j'allais « faire une petite salade en plus des frites ». Il me voyait faire ma méditation nocturne accompagnée de quelques poses de yoga et ne se gênait pas pour s'attarder dans le dortoir rose quand je me mettais à quatre pattes pour faire la posture du chat, avant de retourner dans le dortoir bleu qui était le sien. J'avais adopté ce rituel vers mes dix-huit ans, parce que je suis une grande émotive et que j'ai besoin de me nettoyer des sentiments de ma journée avant de dormir, qu'ils soient positifs ou négatifs. Je ne pratique pas toujours avec régularité, mais tôt ou tard, j'y reviens. Dans *Secret Story*, cela m'offrait un moment précieux au cours duquel je tentais de décompresser et d'envoyer des pensées positives vers ma famille. Quitte à passer pour une fille bizarre auprès des autres car j'avais vingt et un ans et me comportais parfois comme un moine de soixante ans. Mais le luxe de prendre soin de soi disparaît lorsqu'on est confronté à un danger. On passe en fonctionnement de survie, on se durcit. J'ai tendu la main et j'ai regardé Zelko avec détermination :

– Oui, ce soir je vais fumer.

Il s'est exécuté et je suis allée dans le fumoir. Une petite pièce d'un mètre carré dans le jardin, comme une colonne avec une porte, entre la chambre rose et la salle de bains. J'avais arrêté de fumer un an plus tôt mais je n'en étais plus à avoir de bonnes résolutions. Je venais de survivre au sas et je voulais de la dopamine. Il me faudrait au moins ça pour tenir. J'ai décidé qu'après la fin de chaque prime, je fumerais une cigarette. Ça ne serait pas une victoire pour mes poumons, mais ça aiderait mes nerfs et j'avais fait mon choix.

Parallèlement aux événements qui se déroulaient dans la Maison, un drame est venu bouleverser le monde de la téléréalité en France lorsque, le 9 août 2011, un ancien candidat de *Secret Story* mit fin à ses jours. François-Xavier Leuridan, surnommé FX, avait un joli teint rappelant les nuances du chocolat et du caramel, de longs cheveux noirs ainsi que des yeux sensibles et expressifs. Je ne l'ai jamais rencontré personnellement, mais je sais que nous avions le même âge quand nous avons fait de la téléréalité et qu'il s'agissait de la même émission. Ça me suffit pour me sentir liée à lui d'une certaine manière. Il avait vingt ans lorsqu'il a participé à la saison 3 de *Secret Story* en 2009, puis vingt-deux quand il a concouru dans *Carré Viiip*, une émission également produite par Endemol, brièvement diffusée sur TF1 puis annulée en avril 2011. Quatre mois plus tard, alors que la saison 5 de *Secret Story* battait son plein et que nous étions dans la Maison, son regard doux s'est éteint pour toujours lorsqu'il s'est jeté sous les roues d'une voiture. Certains de ses camarades de *Secret Story* 3, qui l'ont mieux connu que moi, ont déclaré qu'il ne s'était jamais complètement remis de la téléréalité, de la propulsion médiatique qui en découle, souvent suivie d'un retour difficile à la vie normale, avec peu ou pas de suivi psychologique. La maman de FX elle-même a mis la production en cause en affirmant que son fils avait séjourné plusieurs fois en institution psychiatrique et que s'il y avait eu un examen psychologique préalable et sérieux, sa fragilité aurait dû être décelée[2]. La réponse officielle d'Endemol viendra de la bouche de Virginie Calmels, sur le plateau d'Itélé en 2012 : « Les producteurs sélectionnent les candidats aussi sur leur envie, sur leur appétit. En l'occurrence FX était extrêmement désireux de faire des émissions de téléréalité. » Cette idée que nous sommes des assoiffés de gloire « extrêmement désireux » de passer à la télévision est souvent utilisée comme défense, pour décrédibiliser toute plainte pouvant survenir de notre part. On

2 Documentaire *Histoires secrètes de la téléréalité*, diffusé sur Canal + le 5 septembre 2012.

insiste sur le fait que nous avons voulu participer, heureux d'être médiatisés, et que par conséquent nous sommes les seuls responsables des éventuelles séquelles. Un point de vue discutable puisque dans de nombreux cas, c'est Endemol qui vient démarcher des jeunes qui n'ont rien demandé. De fait, ils sont assoiffés de sang neuf bien plus que nous ne sommes assoiffés de célébrité.

Interrogée sur les antécédents de FX, Virginie Calmels poursuit : « Ce n'est pas notre rôle ni notre droit d'investiguer. Que ne dirait-on pas si on allait regarder l'état de santé et tenter de savoir si tel ou tel a fait un séjour en hôpital psychiatrique par exemple ? » Une journaliste lui demande alors si ce n'est pas précisément le rôle d'Endemol de suivre les candidats et de les protéger si un état de faiblesse est détecté. Virginie se vante d'avoir mis en place depuis *Secret Story* 3 la fameuse « Charte déontologique d'Endemol » qui inclut le fait « d'encadrer encore davantage nos candidats. » Malheureusement pour FX, et d'autres candidats après lui, les mots écrits sur cette charte ne garantissent rien, et je suis bien placée pour le savoir. Après avoir moi-même vécu l'examen psychologique préalable, je ne peux m'empêcher de m'interroger sur la façon dont cela s'est passé pour FX. Est-ce qu'à lui aussi, il a été conseillé de mentir à la psychologue ?

Huit ans plus tard, dans l'émission *Touche pas à mon poste* du 7 janvier 2019, Cyril Hanouna réagissait à ma vidéo YouTube du 2 janvier 2019. J'y exposais les coulisses de la téléréalité, libérée de ma clause de confidentialité, et j'y racontais l'inefficacité de l'entretien psychologique pour écarter les profils dangereux ou fragiles. Accompagné en plateau par Benjamin Castaldi, Cyril Hanouna lui a demandé si c'était vrai, si on nous demandait de mentir au psychologue et comment il était possible que ce soit arrivé. Le présentateur iconique de *Secret Story* l'a alors confirmé : « Dans toutes les téléréalités, on fait passer les candidats devant un psy. C'est vrai que quand on a un très bon candidat, qui est important et qu'on juge important pour le programme, évidemment qu'on va tout faire pour qu'il passe entre guillemets l'épreuve du psychologue. Mais ce n'est pas que *Secret Story*, c'est tous les programmes. »

Un personnage comme FX, avec son secret « Je suis milliardaire », ne court pas les rues. Il devait correspondre à cette définition de candidat important pour le programme. Mais si l'on nous demande de mentir, en tant que candidats potentiels, lors d'un entretien qui doit protéger notre santé mentale, n'est-ce pas faire une distinction entre le candidat et l'être humain que nous sommes ? Être un participant précieux annule-t-il notre droit à voir notre intégrité physique et mentale respectée ? Et dans le cas de FX, a-t-il seulement eu une chance de passer un entretien psychologique sérieux ?

Je n'aurai jamais la réponse à toutes ces questions, pas plus que je ne peux savoir si FX aurait vécu plus longtemps s'il n'avait pas participé à *Secret Story*. Mais ce que je sais, c'est que tout ce qui a été dit suite à sa mort, c'est qu'il était fragile et avait des soucis psychologiques. S'il est vrai que FX avait des faiblesses psychologiques, il faut aussi considérer la violence des expériences qu'il a vécues. Personne n'a voulu regarder la situation dans son ensemble. Si j'écris ce livre, c'est aussi pour rétablir un semblant de justice. Pour que les failles de sécurité qui aboutissent à des drames soient prises au sérieux et que les traitements dégradants qu'on fait subir aux candidats soient reconnus, sinon abolis. Je le fais pour moi-même, pour en guérir, mais aussi en mémoire de François-Xavier Leuridan, pour sa famille, et pour d'autres candidats qui ont pensé à mettre fin à leurs jours ou tenté de le faire, sans que cela se sache.

Si Endemol pouvait éventuellement ignorer les risques qu'ils faisaient courir aux candidats jusqu'au 9 août 2011, ce n'était en revanche plus possible après le suicide de FX. Pourtant, rien n'a changé dans la Maison. Le drame qui s'est déroulé à l'extérieur n'a entraîné aucune modification de nos conditions de vie à l'intérieur. On ne nous a pas informés de l'événement, mais à l'issue de la semaine, sans nous expliquer pourquoi, La Voix nous a demandé de ne plus prononcer le nom de FX si nous étions amenés à parler d'anciens candidats.

Sixième semaine

Nous étions douze candidats encore en lice. Un tiers des lits étaient vides. J'étais reconnaissante d'être revenue du sas et d'avoir une seconde chance d'atteindre mon but premier : parler de mon père. Mais tout en m'accrochant à cette douce perspective, je constatais une certaine dégradation ambiante. Le sol se fissurait par endroits. Les parois s'encrassaient. Des morceaux de meubles se brisaient et certaines chaises s'effondraient du jour au lendemain. Se pouvait-il que la Maison ait une âme et reflète l'état d'esprit de ses habitants ?

Je restai avec les jumeaux et découvris deux garçons incroyables. Je décidai que même à l'extérieur, ils feraient partie de mes meilleurs amis, toute ma vie. J'ai eu huit ans pour éprouver ce choix et j'en suis toujours heureuse. Chacun était sensible à sa manière, mais derrière une carapace de dur à cuire. Nous dormions même ensemble tous les trois certaines nuits, sans aucune ambiguïté. Bien sûr, je savais que s'ils avaient un choix à faire, la fraternité l'emporterait toujours et c'était normal, mais nous n'en étions pas encore là.

Les jours qui suivirent furent les pires que j'eus à vivre dans la Maison, car je fis l'objet d'un harcèlement moral intensif et groupé, cautionné par la production. Depuis le prime, je devais déjà ignorer les remarques et les mesquineries de certaines filles. Un midi, je m'étais levée de table pour prendre du sel et Zarko m'avait dit de ne pas finir mon assiette. Quelqu'un avait craché dedans. Il n'a pas voulu me dire qui c'était.

Puis un soir, une des filles m'a menacée alors que je mangeais des pâtes dans le salon :

– On sait que t'apprécies les jumeaux et que tu veux rester avec eux, mais si tu continues on va toutes se retrouver contre toi et je n'aimerais pas être à ta place à ce moment-là. Tu ferais mieux d'être un peu plus gentille avec nous.

Ça les révulsait de voir que soudain, les jumeaux et moi formions un bloc. La sorcière du village et les deux loups téméraires. Quand cette habitante fort soucieuse de mon bien-être eut fini de me faire passer un sale quart d'heure, sa copine prit la relève. Après une série de remarques désobligeantes, elle vint me caresser les cheveux en murmurant :

– Moi, j'ai été sauvée trois fois par le public, mets-toi ça dans la tête. Et les filles comme toi, je ne leur donne même pas l'heure dans la rue.

À ce moment-là, une fureur bouillante s'est répandue dans mon corps. Je l'ai masquée avec un sourire sarcastique, censé protéger ma fierté, mais j'ai failli vriller.

J'ai eu des pensées que j'ai honte de retranscrire ici, mais que je vais partager pour montrer à quel point j'étais proche de craquer, comme d'autres l'avaient été avant moi, et avaient résisté avec plus ou moins de succès. Je me suis entendue penser que j'allais la frapper. Que j'allais lui faire mal. Moi qui n'ai jamais eu le goût de la violence, j'ai soudain ressenti une envie brutale et dévorante de m'y abandonner. Je me suis dit que j'allais le faire une fois dans ma vie et que ce serait celle-ci. Que je n'allais pas la rater et que ce ne serait pas un petit combat de poings ridicule. Je me voyais mettre une poêle à chauffer et la lui coller sur le visage par surprise. Si je ratais le visage, j'aurais le bras. La sécurité courrait pour intervenir, j'aurais environ vingt secondes.

Je la regardais marcher de long en large et me parler avec un sourire méprisant. Pendant ce temps, je discutais avec moi-même : *On y va, on le fait ?* Les plaques étaient à un mètre de moi, les poêles juste à côté. Je continuais ma conversation intérieure : *Et après ça ?* Après ça, je serais à jamais la fille qui a pété un plomb dans la Maison. Un horrible fait divers télévisé. J'ai pensé à ma famille, à la peine et à la honte qu'ils ressentiraient. Puis j'ai pensé à mes parents. Ce serait gâcher en deux secondes toute leur éducation. Tous les sacrifices qu'ils avaient faits pour m'offrir une belle vie et faire de moi une enfant épanouie. J'ai repensé à mon père qui m'a toujours dit de ne pas laisser les autres me corrompre. Et je l'ai regardée. Est-ce que ça valait le coup de défigurer une fille et de lui voler son avenir ? Non. Si je faisais ça, j'allais sacrifier sa vie et la mienne pour des raisons dérisoires. Pour une colère qui me brûlait là maintenant, mais qui passerait, je le savais.

J'ai renoncé. J'étais la seule à savoir ce qui avait failli se passer mais je suis restée perturbée par le fait d'avoir ressenti cette pulsion de violence. J'avais eu ces pensées, j'avais voulu lui faire mal et je m'en voulais. C'était le jeu qui m'atteignait. À aucun moment de ma vie je ne me suis trouvée proche de franchir cette ligne comme à cet instant. Je peux vous dire ce que j'en ai appris : une fois qu'on a ressenti cet instinct-là, on ne l'oublie jamais. On comprend que le monde n'est pas divisé en deux catégories constituées de gens continuellement sains d'esprits et d'autres sans cesse hors de contrôle. On mesure la précarité de la santé mentale. Nous avons tous des limites.

Un climat pesant régnait dans la Maison. Quand les nominations sont arrivées, les cinq autres filles se sont concertées pour donner les deux noms de Zarko et Zelko au Confessionnal. La Voix nous a annoncé le soir même que les jumeaux étaient nominés l'un contre l'autre. C'était un crève-cœur, d'autant que ma semaine n'avait pas fini d'être cauchemardesque.

Le lendemain, l'agressivité flottait toujours sous forme de millions de particules dans l'air. Une candidate avait pris le parti de se placer dans mon dos pendant que je faisais la vaisselle dans le salon et de me dire les choses les plus méchantes possibles :

– Tu le sais que t'es une vieille meuf au fond de toi, que t'intéresses personne et que t'as jamais eu d'amis, que si t'avais pas ton chat t'aurais rien parce que c'est le seul qui t'aime dans ce monde et qu'il n'a pas le choix ?

Zelko, qui jusque-là somnolait tranquillement sur le canapé, l'a coupée sur sa lancée :

– Toi là-bas, écoute-moi bien, à partir de maintenant tu la laisses tranquille et si t'as un problème, c'est à moi que tu t'adresses.

Comme une guêpe furieuse et désireuse de planter son dard coûte que coûte, elle avait foncé vers lui et s'était placée à cinq centimètres de son visage pour lui délivrer une tirade tout aussi venimeuse. Sans me retourner, je surveillais la scène dans le miroir. J'ai vu Zelko faire des mouvements pour détendre sa mâchoire et éviter de craquer, mais il est parvenu à se contenir, conscient de sa force et du danger qu'il pouvait représenter s'il perdait le contrôle. Comprenant qu'elle n'obtiendrait rien de nous, la guêpe est retournée dans le jardin.

Je préférais ignorer les remarques la plupart du temps car je considérais qu'une réponse entraînerait une escalade qui ne mènerait qu'à des moments regrettables et indignes d'être diffusés à la télévision. Mais le fait de ne pas répondre encourageait certains à continuer, sûrs de pouvoir se défouler sans avoir à craindre de représailles de ma part. Je me laissais marcher dessus, peut-être, mais je ne voyais pas comment faire autrement. C'était soit ça, soit je cramais des gens avec une poêle. Comment répondre aux insultes et à la violence verbale quand on ne veut pas être violent soi-même ? Quand ignorer ne suffit pas ? Et surtout, dans ce contexte précis, quand on ne peut pas échapper aux assaillants ? C'est comme s'il m'avait fallu deux personnalités, une pour survivre et une pour l'honneur.

Je ne traversais pas la Maison sans être accompagnée d'un jumeau. Les deux frères faisaient tout pour me protéger. Je ne mesurais pas deux mètres comme eux et je recevais plus d'attaques. Alors que je passais avec Zarko dans le salon, où les autres mangeaient, un silence de mort s'était répandu et j'avais senti des prunelles assassines se planter entre nos omoplates. Nous avions rejoint Zelko dans la chambre rose et nous y étions retranchés. Il était clair que c'était la présence des deux frères qui me sauvait, car ces jours-là, la moindre occasion de m'insulter était recherchée et attendue comme un divertissement savoureux. Soudain, les voix du plafond ont résonné : « Les jumeaux doivent se rendre au Confessionnal pour une interview. » Ils m'ont regardée, désolés, et s'y sont rendus. J'ai suivi leur progression à travers la baie vitrée. Je les ai vus entrer dans le salon, et cinq secondes plus tard, probablement juste après qu'ils ont refermé la porte du Confessionnal, deux habitantes, bientôt suivies d'autres candidats, sont sorties et ont traversé le jardin en courant pour venir me trouver dans la chambre.

C'était parti pour un nouveau raid. J'ai eu droit à un paquet d'insultes, par exemple : « Tu n'étais qu'un trou pour John. Il s'est juste vidé en toi sans avoir aucun sentiment » et même à des menaces qui disaient qu'on allait me retrouver à l'extérieur et que ça allait mal se passer. Quelques habitants restaient silencieux mais ne me défendaient pas non plus. Quand Zelko est finalement revenu du Confessionnal et qu'il a su ce qui m'avait été dit (d'une autre bouche que la mienne, je ne voulais pas envenimer la situation), il est parti hurler avec sa grosse voix sur la personne responsable, jusqu'à ce qu'elle batte en retraite et se terre dans son lit pendant des heures. Finalement, il tenait bel et bien la promesse qu'il avait faite à Marie-Josée.

Certains passages de ce harcèlement ont été diffusés, mais pas les paroles les plus violentes et cruelles dont je me souviens mot pour mot (et que je ne peux décemment pas écrire ici). Personne n'a levé la main sur moi, mais les insultes que j'ai entendues m'ont marquée plus longtemps que des coups ne l'auraient fait. Tout ceci se passait devant des dizaines de caméras et de micros. La production voyait et entendait tout, mais n'intervenait pas. Qu'en était-il de la charte déontologique d'Endemol, dans laquelle l'entreprise garantissait de « prohiber toute forme de harcèlement moral » ?

Plus tard, lors d'un défi au cours duquel nous devions fabriquer des cadeaux, j'avais besoin d'une paire de ciseaux et j'ai demandé qu'on me les passe. La personne concernée les a jetés par terre en me disant :

– Tiens, ramasse.

C'était l'humiliation de trop. J'ai senti des larmes monter. Pourtant je ne voulais pas le montrer aux responsables et leur donner satisfaction. J'ai serré les dents et me suis rendue au Confessionnal. Une fois la porte magnétique refermée, je me suis effondrée. J'ai demandé aux journalistes s'ils avaient l'intention de laisser les choses dégénérer pendant longtemps avant d'intervenir. Ils m'ont dit que ce n'était pas leur rôle, puis m'ont demandé de sortir du Confessionnal. J'ai répliqué que je ne pouvais pas y retourner comme ça, en larmes, et je leur ai demandé qu'ils me laissent au moins cinq minutes. Leur réponse était sans appel :

– Non non, il faut que tu retournes dans la Maison tout de suite.

– Pourquoi ? J'ai sonné il y a trente secondes et vous m'avez ouvert.

Je réclamais juste quelques instants de répit, un peu de dignité.

– Non, il faut que tu ressortes, maintenant. On a besoin du Confessionnal pour des raisons techniques.

Ils voulaient surtout que mes yeux rouges soient visibles des autres. Je me suis recomposée comme j'ai pu avant de sortir, mais ce n'était pas suffisant.

Quand ils m'ont vue vaincue, certains ont jubilé. Quelqu'un s'est esclaffé :

– Oh, elle pleure, la pauvre.

C'est terrible de prendre du plaisir à voir les larmes d'autrui en sachant qu'on les a provoquées. C'est un des pires aspects du harcèlement, l'absence absolue de compassion. Montrer à une personne que sa douleur n'a aucune importance, et par extension que cette personne elle-même n'a aucune importance. C'est ça le message de fond du harcèlement : peu importe ce que tu ressens, ta peine et ce que tu es n'ont aucune valeur. Pour toi, on n'a aucun remords. On est contents, c'est divertissant. Plusieurs personnes sont d'accord pour en faire souffrir une autre et n'avoir aucune compassion pour elle. D'où viennent ces instincts-là ? Je me pose encore la question. Je ne raconte pas ces moments pour le plaisir d'y revenir, ni pour peindre les autres comme des bourreaux. Nous subissions tous les conséquences de l'enfermement et il y a eu des semaines où d'autres candidats sont devenus les victimes de la Maison. Je les raconte pour que les gens sachent réellement ce qui se passe dans une téléréalité, et le harcèlement moral en fait partie. Comment pourrait-il en être autrement quand la recherche de clashs et de larmes fait partie de la stratégie de la production, et que certains candidats sont encouragés à jouer les bourreaux car, paraît-il, « le public adore ça » ?

C'est à ce moment-là que la production nous a annoncé que, face au succès de l'émission, le programme était prolongé de deux semaines. Ce qui portait la durée totale du jeu à douze semaines. En tant que producteur, Rémi est venu dans le salon. C'est le seul humain qui avait le droit de nous parler pendant le jeu. Et pour cause, il était venu avec des avenants de contrats pour la prolongation à nous faire signer. Une tête connue, à ce stade, c'était une oasis dans le désert. Tout le monde mourait d'envie de lui parler, de demander des nouvelles de ses proches, de recevoir quelques paroles réconfortantes de monsieur « Toi, je t'adore ». Quand Geof l'a vu, il s'est écrié, en lui tapant sur l'épaule :

– Hey Rémi, ça va mon pote ?

J'ai été surprise par leur proximité. Je pensais naïvement que j'étais la seule dont il était si proche, mais il avait manifestement joué la carte du bon copain avec tout le monde. À l'appel de mon nom pour le rejoindre dans le couloir des Quatre Éléments, je me suis précipitée :

– Comment il va ? ai-je lancé, à peine la porte refermée.

– Il va bien, il t'attend dehors. Moi je suis sûr que votre histoire n'est pas terminée, tu vas voir. Vous allez vous remettre ensemble à la sortie, c'est certain. Moi j'y crois.

– Non je te parle de mon père, dis-moi comment va mon père !

– Ah, très bien, très bien, il va très bien.

– C'est tout ?

– Tiens, signe ici.

– C'est tout ce que tu peux me dire sur mon père ?

Tout en discutant, j'attrape le stylo qu'il me tend.

– Il te regarde. Je lui parle très souvent au téléphone. Il te suit, tu sais.

– Oui ça, je m'en doute. Si on m'avait dit qu'un jour mon père regarderait une téléréalité et qu'en plus je serais dedans…

– Et tes initiales, ici.

– OK. À part ça, comment ça se passe, dehors ?

– Bien Morgane, tu t'en sors hyper bien, le public t'aime beaucoup. Continue comme ça.

– Vraiment ?

C'était inattendu. Ça faisait plusieurs jours que je subissais un harcèlement sans relâche. Je me faisais humilier de façon quotidienne et répétée et je m'en sortais bien ? Je croyais comprendre sa phrase. Il voulait dire que le public était de mon côté. Mais j'aurais préféré que ça cesse. Et s'il trouvait ça bien, ça voulait dire qu'ils n'allaient rien faire pour calmer le jeu. À mon grand désarroi. Rémi a repris

– Mais oui. Je vais te préparer une surprise pour le prime, ça va te remonter le moral. Mais chut, motus. Allez, file et appelle-moi Zelko.

– D'accord, merci Rémi !

Cela restait une semaine extrêmement difficile. J'étais à bout de nerfs. J'avais l'impression de ne pas être à la hauteur de la mission que je m'étais donnée en venant participer à *Secret Story*. J'étais venue pour accomplir quelque chose mais je commençais à douter d'avoir les épaules pour le faire. Je suis allée au Confessionnal et j'ai demandé à parler à la psychologue. On m'a rappelé quelques heures plus tard et on m'a dit de décrocher le combiné du téléphone fixe qui se trouvait là. Elle m'a demandé ce qui se passait. Je lui ai répondu, surprise :

– Vous ne voyez pas ce qui se passe ?

– Non, je ne regarde pas l'émission. Que se passe-t-il ?

Il y avait de l'indifférence dans sa voix. J'espérais trouver du réconfort et j'avais l'impression de parler à quelqu'un qui se fichait de ce qui m'arrivait. Je lui ai dit que j'avais peur que mon père voie ces images et se sente coupable.

– Oh non, vous savez votre père, il en a vu d'autres. Avec sa personnalité, ce n'est pas ça qui va l'atteindre.

Elle avait raison sur ce point. Il ne fallait pas que je m'inquiète de ça. Nous avons raccroché.

Dans la nuit du mercredi, je pensais à mon père et il me manquait affreusement. Je me suis répété à nouveau ce que je voulais dire à propos de lui, en me raccrochant à cette perspective. Soudain, j'ai senti l'énergie de mon père. C'était comme si je m'étais connectée à lui. Je crois que quand nos parents nous donnent beaucoup d'amour dans notre vie, nous n'avons pas besoin d'être avec eux physiquement pour les avoir avec nous. J'ai senti sa force et ça m'a donné le courage de m'accrocher. Il était hors de question que j'abandonne. Je ne pouvais pas contraindre les autres candidats à me voir différemment, mais je pouvais continuer à faire ce qui me semblait juste. Nous n'étions pas tous obligés d'avoir le même système de valeurs. Je croyais dans le message que je voulais faire passer, et je me suis détachée du besoin d'avoir leur approbation collective. Je ne me changerais pas pour les satisfaire. Je ne plierais pas.

Le vendredi est arrivé. Suite aux menaces et à ma demande de parler à la psychologue, la production a eu peur et a calmé le jeu en demandant aux filles responsables du harcèlement de s'excuser. Certaines l'ont fait, d'autres non. Je voulais juste que ça s'arrête et passer à autre chose, et j'allais justement en avoir la plus belle des occasions.

Rémi m'a fait venir au Confessionnal dans la journée pour me parler :

– Morgane, j'ai deux choses à te dire. Pendant le prime, il y aura des propositions qui te seront faites, il faudra que tu répondes oui. Ensuite, ce soir, c'est toi qui vas révéler ton secret au public, tu es prête à en parler ?

Si j'étais prête ? Ça faisait six semaines que je me récitais ce que j'allais dire et que j'y pensais presque tous les jours. Bien sûr que j'étais totalement parée, équipée et armée pour ce moment. Rémi m'a dit que Benjamin Castaldi me poserait trois questions : « Quel est votre secret ? », « Comment cela a-t-il transformé votre famille ? » et « Avez-vous un message à faire passer ? » J'avais mes réponses et j'étais prête.

Le prime a commencé. On m'a effectivement proposé de sacrifier de l'argent collectif pour recevoir un message de John. J'ai dit oui et j'ai pu voir une vidéo dans laquelle il m'encourageait à continuer et à rester forte. C'était sympathique. Puis, à mon grand bonheur, on m'a appelée au Confessionnal. Je m'y suis rendue en flottant et le moment que j'avais tellement espéré est arrivé. Benjamin Castaldi m'a dit qu'il avait une surprise pour moi : un message vidéo préenregistré de mon papa. Brigitte est alors apparue sur l'écran du Confessionnal, splendide, et avec elle s'est affiché le regard tendre et déterminé dans lequel j'ai puisé amour et soutien toute ma vie. J'ai fondu en larmes, mais je ne sentais que des perles libératrices couler sur mes joues, rinçant mes tourments sur leur passage. Mon père était dans un tableau lumineux devant moi, plus rien ne pouvait me blesser. Brigitte arborait un tailleur noir d'une classe absolue, associé à des boucles d'oreilles créoles brillantes et un collier représentant une marguerite noire. Brigitte est toujours distinguée, avec une touche de fantaisie. Ses yeux étaient parés d'ombres bleutées et veloutées, et sa bouche était d'une jolie teinte cerise. Ses cheveux ondulés, au brushing impeccable, lui tombaient sur les épaules et envoyaient des éclats blond doré dans toutes les directions. Son élégance était à la hauteur de l'événement et du fait que nous nous présentions au monde comme membres d'une famille LGBT. Si nous nous exposions médiatiquement et déposions notre amour sur l'autel du petit écran, humblement, délicatement, c'était pour tenter d'effacer les caricatures que certains se plaisent à peindre, alors qu'ils n'ont jamais vu une famille à composante LGBT de près. Brigitte n'était pas une écervelée déviante et je n'étais pas une enfant traumatisée, loin de là. Nous étions père et fille, unis jusqu'au bout du monde, partageant estime et complicité mutuelles.

Dans son message, Brigitte me disait qu'elle me regardait tous les jours, qu'elle était très fière de moi et que toute ma famille m'encourageait. Tout en écoutant ses mots, je recevais aussi son regard qui me transmettait force et encouragements à persévérer. Quand elle a levé sa main, j'ai noté également qu'elle portait la bague mi-or, mi-argent que je lui avais offerte pour symboliser sa dualité homme-femme.

Une fois la vidéo terminée, le présentateur reprit la parole et me posa la première question :

– Morgane, on vient de voir votre papa qui vous soutient et qui est évidemment lié à votre secret. Maintenant, il faut nous expliquer.

C'était le moment. Je me suis lancée. J'ai commencé en reprenant l'intitulé exact de mon secret :

– Alors, comme vous l'avez compris, mon secret est que mon père s'appelle Brigitte et c'est quelque chose que j'ai appris quand j'avais quatorze ans.

J'ai raconté l'annonce avec l'album photo et j'ai continué :

– Au début, c'était étrange de devoir intégrer une quatrième personne dans notre famille, mais au final ça s'est révélé une chance inouïe. C'est ma plus grande fierté. Ça a enrichi notre relation père-fille d'une puissance inimaginable. Moi, c'est mon papa qui m'a appris à marcher avec des talons, et en même temps on peut parler de littérature et de tout ce qu'on veut. Une deuxième relation s'est créée avec mon père, d'autant plus forte qu'on a pu partager encore plus de choses. Croyez-le ou non mais c'est mon père qui m'a appris à me démaquiller sans m'arracher les cils, et quand je me plains d'avoir mal aux pieds à cause des talons, il se moque de moi parce qu'il peut passer des heures sur des talons de douze centimètres. C'est quelque chose qui a enrichi notre quotidien et je suis très très très fière de mon papa.

J'ai entendu le public applaudir et Benjamin reprendre :

– Eh bien, quand on vous entend, Morgane, on comprend pourquoi vous avez fait *Secret Story* et quel était votre message. Justement je vous laisse avec La Voix qui a quelque chose à vous dire.

Ça s'enchaînait vite. Il manquait une question. J'ai compris qu'il n'allait pas me lancer sur le message à faire passer. En soi, je venais de parler de mon secret, de mon père, mais il me restait des choses à dire. Un message plus global. Celui qu'on m'avait promis depuis le début. Et encore une fois, ils changeaient la donne en cours de route. Sauf qu'à ce moment-là, l'univers a conspiré pour m'aider. Il y a eu une seconde et demi de silence. La Voix n'était pas là, pas prête et n'a pas repris la parole. Une anomalie rarissime dans ce monde médiatique millimétré. Afin d'être sûre de ne pas commettre une faute qu'on me reprocherait plus tard, j'ai demandé :

– La Voix parle ou je parle ?

Une nouvelle seconde de silence. Certains y verront une pure coïncidence et d'autres une intervention divine.

Nous sommes en direct sur TF1, en prime time, et pendant ces quelques secondes, je suis la seule à l'antenne avec un micro allumé. Je n'ai pas attendu une troisième seconde. Au moment où j'ai pris une inspiration pour me lancer, j'ai senti une force bénéfique se poser sur mes épaules et j'étais soudain portée par une assurance à toute épreuve. Par la force de toutes les âmes qu'on a lésées dans ce monde, qu'on a voulu ignorer, museler ou étouffer alors qu'elles avaient quelque chose d'important à dire. Je crois qu'elles se sont toutes réunies et ont œuvré pour me dégager la voie.

J'ai repris la parole et je me suis approprié l'antenne, en me disant que si je faisais assez vite, il serait trop tard pour qu'ils m'arrêtent. Je me suis fait mon propre lancement :

– Alors si j'ai un message à faire passer, c'est que pour moi, le fait que mon père s'appelle Brigitte, ça ne change strictement rien. Parce que quand je regarde dans ses yeux, j'y vois toujours l'amour de mon père et de quelqu'un qui m'aime plus que tout. Qui donnerait sa vie pour moi et m'a tout donné jusqu'à présent. Et à partir de ce moment-là, qu'il soit en mode cuir-moustache ou robe-talons, ça ne change rien. Maintenant, si je peux demander quelque chose, sans faire de moralisme, à ceux qui sont transphobes ou homophobes, c'est de regarder dans les yeux d'un homosexuel ou d'un travesti, et de me dire si ce ne sont pas des êtres humains et si ce sont des gens qui valent moins qu'eux. Je sais que c'est une communauté qui n'est pas facile d'accès, mais ils demandent juste à pouvoir exister librement.

À peine ce dernier mot prononcé, le son des applaudissements et des acclamations du public m'est parvenu. J'ai rarement ressenti un soulagement aussi intense et pur qu'à ce moment-là. J'ai su que j'avais réussi à faire passer mon message correctement, et ça, tout le harcèlement du monde ne me l'enlèverait jamais.

La Voix a fini par reprendre la parole pour m'annoncer une nouvelle surprise : je devais me rendre dans le sas pour que mon père m'y rejoigne. J'y suis allée comme une flèche d'arbalète et Brigitte est arrivée dans son sublime tailleur noir. J'ai sauté dans ses bras pour avoir un câlin de mon papa. Ça faisait du bien de le retrouver, lui qui me connaissait et savait ce qu'il y avait dans mon cœur.

Petite précision : quand je parle de mon père, j'alterne entre les pronoms féminin et masculin, car pour moi il reste mon père même sous les traits de Brigitte. Quand je fais référence à la figure paternelle, le masculin l'emporte souvent, mais si j'ai une conversation avec Brigitte, je vais volontiers dire « elle » pour tout ce qui n'est pas lié à notre famille. Je me le permets car après plusieurs discussions avec mon père, je sais qu'il n'y voit aucun problème. Il ressent une dualité homme-femme mais il ne se sent pas uniquement femme à l'intérieur. Si cela avait été le cas, et qu'il m'avait dit qu'il souhaitait être mentionné au féminin de façon permanente, je l'aurais totalement accepté et l'aurais inondé d'accords au féminin pour lui montrer que je respectais sa féminité. Dans le doute, lorsqu'on rencontre une personne transgenre, on peut lui demander délicatement avec quel pronom elle souhaite qu'on s'adresse à elle.

J'ai libéré mon père de mon étreinte. Nous avions peu de temps. Il m'a dit de rester forte et de me souvenir des histoires du petit Filochard, un poney dont il me racontait les aventures quand j'étais petite, qui tombait souvent mais se relevait toujours. Mon père a continué :

– La chute n'est pas un échec, c'est de rester là où tu es tombée qui en est un. Et toi tu sais te relever et avancer. Avant *Secret Story*, tu as fait des choses bien plus dures, tu as eu ta licence de droit international à la Sorbonne. Si certains t'imaginent fragile, laisse-les, ce n'est pas grave. Moi, je découvre une jeune femme forte, libre, qui refuse les compromissions et je ne pouvais pas rêver une meilleure avocate.

Je lui ai pris les mains et je lui ai répondu :

– Ne t'inquiète pas, je n'ai pas le sang de n'importe qui dans les veines. Je n'ai jamais été aussi fière de toi, de nous, et de toutes les valeurs que tu m'as inculquées. J'y crois plus que jamais et j'ai de la chance que ce soient toi et maman qui ayez été mes parents. Jamais je ne pourrai remercier assez le ciel pour ça. Je me rends compte de tout ce que vous m'avez donné. Le fait d'avoir grandi dans la tolérance, tu n'imagines pas la force que ça me donne ici. Je te le redirai dehors et je te le redirai tous les jours s'il le faut.

La Voix nous a indiqué qu'il était temps de nous dire au revoir. Brigitte m'a dit que je pouvais vraiment aller loin dans le jeu, et que si j'avais le spleen à l'intérieur, je pouvais prendre une grande respiration et penser à elle et à toute ma famille qui me soutenait. Je lui ai dit que je les aimais tous, d'embrasser tout le monde, avec un câlin spécial pour ma mère, qui n'apprécie guère l'exposition médiatique mais qui aurait aimé pouvoir me serrer dans ses bras aussi, et je suis retournée dans la Maison.

Les jumeaux étaient déjà en train de faire leurs adieux quand je suis revenue dans le salon. J'ai à peine eu le temps de les enlacer, sans savoir lequel des deux reviendrait, et de les regarder se rendre dans ce sas infernal. Ils y sont entrés ensemble, et après de longues minutes implacables, seul Zelko en est revenu, avec le regard intrépide de celui qui n'a plus aucune faiblesse car il vient de perdre ce qui lui était le plus cher.

À la fin du prime, je lui ai réclamé ma cigarette hebdomadaire et je l'ai fumée en pensant à la suite. Après avoir vu mon père, j'étais plus déterminée que jamais à me battre pour aller en finale et donner encore plus de visibilité à notre histoire.

Septième semaine

Presque tous les soirs depuis la semaine précédente, la Maison était le théâtre d'éclats violents. Des candidats amorçaient le geste de s'en prendre physiquement à quelqu'un, avant d'être arrêtés par d'autres habitants ou par la sécurité déboulant à toute vitesse. Parfois la sécurité ne savait même pas où étaient les personnes concernées. Ils arrivaient dans le dressing pour un incident devant le salon, passaient par la chambre rose et hurlaient au hasard :

– Il est où Geof, IL EST OÙ ?!

Un soir, au Confessionnal, je fus interrogée sur ce que je pensais de la dernière confrontation de notre tribu. J'ai avoué que je trouvais ça épuisant de voir des gens péter les plombs tous les soirs, et que je ne comprenais pas comment on en était arrivés là. Pensant peut-être me réconforter, la journaliste me répondit que c'était une étape habituelle de l'aventure :

– C'est comme ça tous les ans, vers le milieu du jeu, ça explose.

Pardon, j'oubliais que j'avais affaire à des habitués, des gens rodés. Moi qui m'interrogeais encore sur les causes de cette violence et qui cherchais comment l'éviter, je posais la question à ceux qui la créaient selon la même recette chaque année. Ils sont déjà au courant de tout ce que je découvre. S'ils savent que tous les ans, c'est pareil, ils savent aussi pourquoi. Ils connaissent par cœur les effets de l'enfermement, de la perte de la notion du temps, de la pression permanente, du manque de sommeil et d'exercice, et ils savent bien que c'est le meilleur moyen de pousser des gens à bout rapidement. C'est prévu depuis le début, depuis qu'ils ont retiré toute possibilité d'avoir l'heure dans la Maison, qu'ils ont installé un système pour contrôler l'eau chaude des douches et qu'ils nous ont interdit les jeux de société, la lecture ou l'écriture, qui sont des moyens de se détendre et de s'évader mentalement. Et même maintenant, ils savent où nous en sommes et ce vers quoi nous allons, moralement. Ça suit un plan qui existe quelque part, qu'ils ont déjà exécuté plusieurs fois et dont ils ne peuvent plus ignorer les effets dévastateurs depuis le 9 août 2011. Pourtant, ils persévèrent. Le spectacle doit continuer, et avec lui les profits financiers.

Certains candidats ont voulu quitter le jeu à des moments différents, mais leur résolution s'est conclue par un échec. En dehors des éliminations, il n'est pas facile de partir de la Maison des secrets. Premièrement, car il n'y a pas de portes ouvertes vers la sortie. Il n'y a que des portes verrouillées avec des vigiles derrière. Et deuxièmement, si tant est que nous escaladions les murs (méthode utilisée par Romain dans la saison 3), nous n'avons aucun effet personnel sur nous, ni téléphone, ni argent, ni papiers. L'issue la plus raisonnable est donc de demander à quitter la Maison en essayant d'avoir l'accord de la production, qui n'entend pas perdre ses candidats en cours de jeu. On nous parle alors des contrats signés, du préjudice subi par l'émission qu'on pourrait nous demander de dédommager, de petites filles handicapées qui sont fans et envoient des dessins pour nous soutenir, de nos familles qui risquent d'être déçues… Ou même de notre patrie qui attend beaucoup de nous. Zelko s'est un jour entendu dire qu'à part lui et Novak Djokovic, personne ne pouvait représenter la Serbie.

En ce qui me concerne, je n'ai jamais demandé à partir. J'y ai pensé parfois, mais d'une part les retours que recevaient les requêtes de mes camarades étaient dissuasifs, et d'autre part, je refusais l'idée d'abandonner après tout ce que j'avais déjà surmonté. Il ne serait pas dit que j'étais faible et qu'on avait réussi à me faire craquer. Dans le feu de l'action, la fièvre de la compétition et la mission que je m'étais donnée vis-à-vis de mon père l'emportaient sur mon bien-être. Je me disais que tout cela était temporaire et que j'aurais le temps de me remettre de cette expérience après ma sortie. Je serais éreintée, mais je ne serais pas lâche.

En parallèle du jeu, nous trouvions des moyens pour améliorer nos conditions de vie. Comme dans tout univers sous contrainte, une résistance s'était organisée. Pour commencer, il y avait un marché noir de stylos et de cigarettes. Certaines activités organisées par La Voix impliquaient de la rédaction, par exemple pour « écrire l'hymne de *Secret Story* » ou « rédiger une lettre d'adieu au nominé de votre choix ». La production nous faisait alors passer des feuilles et des stylos que nous devions rendre à la fin de l'activité. Un jour, au tout début d'une épreuve, j'avais compté le nombre de stylos et constaté qu'il y en avait plus que de candidats. J'en ai déduit que personne n'avait prêté attention à la quantité de stylos qu'on nous donnait et qu'on ne remarquerait pas s'il en manquait un ou plusieurs à la fin. J'ai posé mon bras gauche sur la table, et, tout en faisant glisser un stylo dans ma manche gauche, j'en ai pris un autre de la main droite. À la fin de l'épreuve, j'ai rendu ostensiblement le stylo avec lequel j'avais écrit, et je suis allée « mettre un pull » afin de cacher celui qui se trouvait contre mon avant-bras dans mes affaires. Aucune annonce ne fut faite concernant un stylo manquant, et cela devint ma technique personnelle pour m'approvisionner. Je ne sais pas quelle était la méthode des autres, mais je n'étais pas la seule à subtiliser ces précieux objets. Nous nous en servions ensuite pour dessiner, noter des indices que nous ne voulions pas oublier ou pour nous transmettre des messages secrets, que nous écrivions sur des morceaux d'emballage ou sur notre peau. Ces stylos de contrebande finissaient souvent par s'évaporer, soit parce qu'un autre candidat s'en était emparé, soit parce que la production nous avait repérés sur les caméras et les avait récupérés après nous avoir fait quitter la pièce pour une « préparation de décor ». Les fumeurs, quant à eux, cachaient des paquets de cigarettes d'urgence sous les matelas et avaient appris à en demander de nouveaux avant d'avoir terminé les anciens.

Parfois, nous arrivions à savoir l'heure qu'il était car Sabrina prenait des médicaments antirejet tous les jours à sept heures du matin et dix-neuf heures. Un pompier venait lui donner ses cachets dans le cellier ou bien elle les prenait au Confessionnal. Quand j'arrivais à capter ces moments, j'allais régler l'heure sur le four de la cuisine et faisais passer le mot que nous avions l'heure. Cela durait un jour ou deux, mais malheureusement il y avait toujours des candidats pour faire des gaffes et dire l'heure à voix haute après avoir regardé le four. En entendant cela dans nos micros, la production comprenait que nous avions réussi à régler le four et envoyait quelqu'un pour le dérégler dans la nuit.

Je devenais également plus insistante au Confessionnal. Je leur faisais remarquer que contrairement à ce qui était indiqué dans la charte déontologique d'Endemol, nous n'avions jamais reçu d'indications sur les emplacements de la totalité des caméras et des micros. Il y avait d'ailleurs un mystère concernant les toilettes. La production nous avait dit : « Il n'y a pas de caméra mais il y a des micros, pour éviter que vous ne vous donniez vos secrets. » Je n'ai jamais su si c'était vrai, mais comme il y avait des grilles d'aération au plafond, c'était techniquement possible. C'était pourtant contradictoire avec l'autorisation qui nous avait été donnée de ne pas porter nos micros individuels quand nous allions aux toilettes.

J'ai également demandé si nous n'étions pas censés avoir des « heures CSA ». Normalement, la loi française nous accorde deux heures par jour pendant lesquelles nous ne pouvons être ni filmés ni enregistrés. Ces heures sont appelées des heures CSA et doivent être annoncées tous les jours. Pourtant, elles ne nous étaient jamais signalées et certaines caméras affichaient un voyant rouge, synonyme d'enregistrement, en permanence. On m'avait répondu que je n'avais qu'à aller dans la « salle CSA » si je voulais de l'intimité. Une salle sans aucune caméra dont nous sommes censés disposer pour nous isoler si nous le souhaitons. En réalité, il s'agissait d'un cagibi de deux mètres carrés situé derrière le salon, sans aucun meuble, composé uniquement de murs blancs et d'une porte, et dans lequel se trouvait quand même une caméra, soi-disant pour notre sécurité. Nous avions le droit d'y aller quinze minutes par jour maximum et pas plus d'une personne à la fois. J'y suis allée une seule fois et je me suis assise par terre en compagnie d'une quinzaine d'insectes morts, dont une araignée pendue à son fil. J'y étais allée pour pleurer un coup, ce que j'ai fait, et je suis ressortie.

Quelques semaines après ma sortie du jeu, j'ai rencontré une ancienne employée d'Endemol qui avait travaillé sur une saison précédente. Elle m'a expliqué pourquoi la production ne donnait jamais les heures CSA aux candidats :

– Si on vous dit que vous êtes en heures CSA, vous allez faire et dire tout ce que vous n'osez pas faire devant les caméras et on va perdre des images.

Ça m'a semblé une explication bien légère pour contourner une obligation légale, mais il a fallu que je m'en contente.

Depuis plusieurs semaines, je demandais des médicaments antihistaminiques pour réguler mes allergies. En tant qu'asthmatique sensible à la poussière, je prends depuis mes onze ans un traitement de fond avec un cachet tous les jours. Le médecin de l'émission m'avait d'abord autorisée à les glisser dans ma valise. Ce que j'avais fait, en y joignant mon ordonnance. Kathia les avait finalement retirés pendant la fouille à mon arrivée. J'avais essayé de négocier, sans succès. On m'avait assurée qu'il y en aurait dans la trousse de secours et qu'on me fournirait ce dont j'aurais besoin. Qu'il suffirait de demander.

En arrivant, j'avais malheureusement constaté que les antiallergiques se trouvaient sur la longue liste des médicaments qu'on avait promis de nous mettre à disposition et qui n'étaient absolument pas dans la trousse de secours. J'avais essayé de me débrouiller sans, mais vu nos conditions d'hygiène, j'étais vite devenue une machine à éternuer. Vers la troisième semaine, j'avais demandé mes cachets au Confessionnal. Le journaliste m'avait alors répondu qu'il avait noté ma demande. Après une semaine sans nouvelle, j'avais demandé si la note pour mes médicaments avait été prise en compte.

– Quelle note ? m'avait-on répondu.

J'avais réexpliqué ma situation, et on m'avait rassurée :

– D'accord, on refait une note, on va s'en occuper.

Deux semaines plus tard, toujours rien. Je suis retournée au Confessionnal :

– Je peux avoir mes médicaments contre les allergies ?

– Quels médicaments ?

– Mon Zyrtec. Ça fait deux fois que je le demande et qu'on me dit que c'est noté.

– Ah non, on n'a aucune trace de cette note.

– J'ai besoin d'antihistaminiques tous les jours. J'en avais dans ma valise et on me les a retirés, donc ils sont dans la caisse avec mon sac à main et mon téléphone, vous les avez quelque part.

– On va voir avec le médecin, on reviendra vers toi.

J'ai encore attendu, puis les événements du jeu ont fait diversion. Cependant la poussière, elle, ne m'oubliait pas.

Vers la fin de la semaine en cours, je me rendais au salon pour prendre mon petit déjeuner quand j'ai été prise d'une crise d'éternuements sauvages et incontrôlables. À nouveau, je savais que j'allais passer des heures avec les yeux rouges et larmoyants. J'ai foncé au Confessionnal. Après des semaines à chercher la meilleure façon de demander, après avoir essayé le style mignon et sympathique, le style autoritaire et le style médico-légal où j'ai réexpliqué le nom de mon médicament et le principe du traitement de fond, j'ai finalement trouvé le style qui a fonctionné, l'esclandre :

– Ça fait des semaines que je vous demande mes cachets, à chaque fois vous me dites que c'est noté et au final, je ne les ai toujours pas. Dès qu'on vous demande un truc qui ne rentre pas dans votre obsession de faire des images pour les quotidiennes, vous vous en fichez. Alors, je sais que c'est marrant de nous voir grossir, pleurer et lutter contre les éléments en général, mais là, c'est une question de santé et ce n'est pas normal que je n'aie toujours pas mes médicaments.

Une voix penaude m'a répondu :

– Ah bon ? Mais on n'a pas vu de note, on n'était pas au courant. On va s'en occuper, promis.

Une heure plus tard, un agent de sécurité est venu dans le cellier et m'a tendu une boîte d'antihistaminiques. Je l'ai remercié et j'ai prononcé un sincère « Merci beaucoup » vers le plafond. Je ne sais pas si c'est mon discours qui leur a fait peur ou si ce jour-là je suis tombée sur une personne qui avait plus de compassion que ses collègues, mais j'avais enfin réussi à avoir mes cachets.

Je m'attendais à me faire sanctionner le lendemain pour la façon dont j'avais parlé mais il ne s'est rien passé. Le journaliste a dû avoir pitié de moi et n'a pas fait remonter l'information à la hiérarchie.

Je ne pense pas que tous les gens qui travaillent chez Endemol soient sans cœur. Ils sont exploités à un autre niveau que nous. Les petites mains qui travaillent derrière, les techniciens et les journalistes sont également mis sous pression par une direction implacable. J'ai appris ensuite, en lisant le livre de Philippe Bartherotte[3], qu'ils reçoivent

3 *La Tentation d'une île*, publié en 2008 aux éditions Jacob-Duvernet, fut un des premiers livres français à révéler les coulisses de la téléréalité. Sur sa quatrième de couverture, on peut lire : « Ce journaliste de téléréalité nous raconte son quotidien, aux côtés de candidats exploités, trompés et manipulés par des producteurs de télévision qui ne reculent devant rien pour faire monter l'audimat. *L'Île de la Tentation*, *Star Academy*, *Pékin Express*… On suit son parcours à cent à l'heure, dans les méandres d'une gigantesque supercherie à laquelle il participe activement. » Il mit fin à cette expérience professionnelle en 2008 en révélant les méthodes de la production de *Pékin Express* dans les médias.

la consigne de ne pas s'attacher à nous. De ne pas laisser l'affectif prendre le dessus. Ça pourrait créer des interférences dans le jeu. Par conséquent, certains ne s'occupent vraiment pas de nos demandes ni de nos appels à l'aide alors qu'ils sont les seuls à pouvoir agir. D'autres, en revanche, restent humains et nous traitent également comme tels.

Un jour, alors que je cherchais des affaires dans le dressing, accroupie devant le miroir sans tain, j'ai entendu un technicien tousser plusieurs fois juste derrière. On devait être à une dizaine de centimètres, simplement séparés par la vitre. J'avais envie de communiquer mais je savais qu'il n'avait pas le droit de me parler, alors je l'ai imité en toussant exactement de la même manière que lui. Je l'ai entendu rire de l'autre côté et j'ai ri aussi. C'était le seul échange possible, mais c'était toujours ça.

Il était déjà temps de vivre un nouveau vendredi. Quand le prime a commencé, nous avons appris que nous allions tous être séparés entre la Grande Maison et une Petite Maison parallèle, dans lesquelles nous allions vivre la semaine suivante. Le but de ces deux maisons était simple : l'une d'entre elles serait la Maison de l'immunité, et tous ses habitants seraient immunisés la semaine suivante, tandis que l'autre serait la Maison de la nomination.

Les quatre nominés de la semaine, Simon, Juliette, Ayem et Daniel, sont allés dans le sas. Les deux premiers en sont revenus. Les deux derniers y sont restés quelques instants, pour une nouvelle séquence du couple nominé l'un contre l'autre, et c'est finalement Daniel qui a quitté l'aventure.

Après cette élimination, Zelko, Geof, Juliette et moi avons finalement ouvert la boîte contenant le secret de notre avenir, pour apprendre que nous nous trouvions dans la peu attrayante Maison de la nomination. Nous avions donc tous un ticket d'office pour aller dans le sas la semaine suivante. Mais La Voix n'allait pas nous laisser sans une nouvelle annonce inattendue : à tout moment, un immunisé pourrait prendre la place d'un nominé. En tant que responsables des maisons, c'est à Aurélie et Zelko que reviendrait le choix des transferts.

J'ai fumé ma cigarette sur la terrasse de notre Petite Maison parallèle, en observant Geof. Il était déjà en train d'essayer de convaincre Zelko de le renvoyer dans la Grande Maison en premier. C'était de bonne guerre, mais je n'avais pas dit mon dernier mot.

Huitième semaine

Nous n'étions plus que dix dans l'aventure. Cette séparation en deux maisons s'avérait en fait rafraîchissante. J'appréciais le changement de paysage. Après sept semaines dans un environnement délabré et sans surprise, j'accueillais avec joie cette habitation neuve, encore propre et meublée de formes novatrices. La Petite Maison était une annexe tout en long avec un décor inspiré de Londres et dans laquelle nous disposions d'une cuisine ouverte avec bar et d'une petite terrasse. Nous avions emprunté un couloir de la production partant du sas pour nous y rendre avant d'arriver devant la lourde porte noire de notre nouveau logis. Une porte qui grinçait monstrueusement et ne manquait pas de signaler nos allées et venues au Confessionnal. Pour nous y rendre, un agent de sécurité venait nous chercher, nous mettait un bandeau sur les yeux et nous escortait à travers les couloirs de la production en nous tenant la main.

Lors d'un de mes transferts entre la petite annexe et le Confessionnal de la Grande Maison, j'avais trouvé le moyen de regarder sous le bandeau et de voir qu'on me faisait emprunter les couloirs qui serpentaient derrière les chambres et le salon. Ceux-là mêmes depuis lesquels une silhouette noire indéchiffrable m'avait observée dans mon lit, placée derrière la vitre. Pour une fois, c'est moi qui me trouvais de l'autre côté des miroirs sans tain et qui voyais les hôtes de la Grande Maison déjeuner tranquillement. En tant qu'habitants de la Petite Maison, nous ne devions pas communiquer avec eux et ne devions par faire de bruit en passant. Il ne fallait pas qu'ils sachent quand nous allions au Confessionnal. C'était intéressant de découvrir comment les techniciens et journalistes nous voyaient au quotidien, outre les écrans de la régie. Je n'ai pas signalé ma présence aux autres candidats et j'ai fait semblant de continuer mon parcours à l'aveuglette. Je n'étais pas censée regarder sous le bandeau, mais j'étais curieuse, et puis je voulais voir où je mettais les pieds car mon guide avait déjà manqué de me signaler plusieurs marches depuis le début de notre traversée.

J'allais bientôt découvrir que cette Petite Maison nous réservait un luxe insoupçonné : espace réduit oblige, nous n'avions qu'une douche individuelle. La production était donc obligée de nous laisser l'eau chaude en permanence car nous ne pouvions y aller qu'un par un. Deuxième privilège inouï de cette douche : nous pouvions mettre une serviette sur la porte vitrée et obtenir la merveilleuse possibilité de prendre une douche nus. Après deux mois de douches collectives, en maillot de bain humide qui colle à la peau, c'était exceptionnel. Je sais que ce n'est pas le genre de chose que les gens s'imaginent en regardant l'émission. De l'extérieur, on a l'air de vivre comme des pachas dans une grande et belle maison. Mais de l'intérieur, c'est différent. En l'occurrence, nous savourions le plaisir de pouvoir nous abriter quelques minutes des caméras, le temps de nous laver, et d'avoir l'eau chaude toute la journée.

Après deux jours de transferts, j'étais retournée dans la Maison de l'immunité, suivie de Geof, tandis que Simon et Ayem avaient rejoint la Maison de la nomination. Les nominés de la semaine étaient donc Ayem, Simon, Juliette et Zelko. Il était peu probable que Zelko sorte le vendredi, car à ce stade nous avions compris aux cris du public pendant les primes qu'il était l'une des grosses têtes de la Maison.

Vers la fin de la semaine, la voix de Rémi sortit du plafond pour me convoquer au Confessionnal. Je m'y rendis sans attendre, intriguée. Allait-il m'annoncer qu'il était fier du passage avec papa Brigitte dans le sas ? Me dire que la communauté LGBT saluait mon discours et que nous avions réussi à faire passer un beau message ? Je pris place sur le canapé. Un ton froid me parvint depuis les haut-parleurs :

– Bon, Morgane, les semaines passées tu pleurais beaucoup, c'était bien, mais depuis que tu ne te disputes plus avec personne, tu n'existes plus dans la Maison. Tu es transparente.

Je ne m'attendais pas du tout à entendre une phrase comme celle-ci, à ce qu'on me dise que j'étais « transparente » faute d'avoir des altercations avec les autres. J'étais déboussolée. Navrée à l'idée que Rémi pense cela de moi. À l'idée d'être une mauvaise candidate. Je ne voulais pas le décevoir ou, pire encore, devenir inintéressante. J'essayais de comprendre ce qui n'allait pas et ce qu'il fallait que je fasse, mais il se bornait à me répéter que si je m'entendais bien avec tout le monde, je n'existais plus. Je ne comprenais toujours pas :

– Comment ça, je n'existe plus ? Tous les jours je me lève, je parle, je vis avec les autres. J'essaie de trouver leur secret, je résous vos énigmes et j'invente des stratégies. Je noue des liens d'amitié, je résiste aux attaques et le tout sans tomber dans la bassesse. Alors, comment ça, je n'existe plus ?

– Mais ça ne nous intéresse pas, ça. Ce qu'on veut, c'est du clash, du trash. Provoque une dispute ou provoque quelqu'un, je ne sais pas, mais fais quelque chose pour exister.

Après tout ce que j'avais vécu jusqu'ici, la production avait donc des reproches à me faire sur ma performance et ma personnalité trop pacifique. Je suis restée dans un silence perplexe quelques secondes, avant d'ajouter :

– Mais je ne vais pas m'inventer une vie qui n'existe pas et me disputer avec les gens si je n'ai rien contre eux. J'ai déjà suffisamment donné de ce côté-là.

J'ai entendu un bref soupir à travers les haut-parleurs du plafond, puis quelques secondes de silence. Je ne bougeais pas d'un cil, j'attendais. Rémi a repris, avec un nouvel angle d'attaque :

– Écoute, même ton père nous a dit qu'il ne te reconnaissait pas et qu'il était très déçu de toi. Je vais te faire passer une lettre qu'il nous a écrite. Il dit que tu étais bien quand tu étais sous pression mais que depuis, tu te reposes sur tes lauriers, alors il faut te bouger.

J'ai senti des flèches se planter dans ma poitrine, ce qui était l'effet escompté. Encore sous le choc de cette déclaration peu compréhensible mais inquiétante, j'ai quand même répondu que je n'étais pas venue ici pour ça et que Rémi le savait très bien puisque c'était lui qui était venu me chercher. Il n'a pas changé de cap :

– Oui mais tu es bien contente qu'on soit venus te chercher, non ? Tu sais combien de jeunes voudraient être ici ? Des milliers. Et on t'a choisie, toi, tu réalises la chance que tu as qu'on ait bien voulu te prendre ? Tu devrais. Et si tu ne veux pas te disputer avec les autres, alors je ne sais pas… Peut-être que tu pourrais être plus… séductrice.

Plus il parlait, plus j'étais déstabilisée. J'ai tenté une dernière parade en disant que je voulais rester fidèle à ma personnalité, ce qui était le cadet des soucis de Rémi, bien décidé à me secouer :

– Tu sais, je dis ça pour toi, ce serait dommage que le public se désintéresse de toi et que tu te fasses éliminer.

Il avait réponse à toutes mes objections. Quand ce n'était pas mon père qui était déçu de moi, c'était le public qui allait me désaimer et l'élimination qui me guettait. J'ai fini par dire que j'avais besoin de réfléchir et que j'allais faire le point avec moi-même, puis je suis sortie du Confessionnal. Ça me semblait être la meilleure réponse que je pouvais donner à quelqu'un qui n'acceptait pas ma résistance.

J'étais sonnée par cette conversation. D'un côté, je ne voulais pas être le genre de personne qu'il me demandait d'être. Un petit pantin entraîné pour faire du buzz et de la séquence choc. De l'autre, il restait quelques semaines avant la finale et cela démultipliait tous les enjeux. D'autant que je savais que si moi, je leur tenais tête, d'autres n'hésiteraient pas à faire ce qu'on leur demandait au Confessionnal. Dans l'ensemble, ce n'étaient pas les questions de progression dans le jeu qui me perturbaient le plus, c'était ce qu'il avait dit de mon père.

Ça ne collait pas avec la conversation que j'avais eue avec Brigitte dans le sas, mais cela faisait déjà deux semaines qu'elle avait eu lieu. Une éternité dans ma vie de candidate coupée du monde extérieur depuis deux mois et n'ayant plus la notion du temps. Il avait pu se passer des choses, même si je ne parvenais pas à imaginer lesquelles.

Je ne cessais de penser aux mots de Rémi. Quelque chose ne collait pas. Je connaissais trop bien mon père pour savoir que, quoi qu'il ait dit, il devait y avoir une explication ou une autre formulation plus pertinente. Ce vocabulaire et cette vision des choses n'étaient pas les siens. Peu après, je suis retournée au Confessionnal et j'ai demandé à lire la lettre de mon père. Celle qu'il avait promis de me faire passer mais dont je n'avais eu aucune nouvelle. Rémi a subitement semblé avoir des problèmes de mémoire :

– Quelle lettre ? Ah oui, la lettre. Mais pourquoi tu veux la voir ?

– J'ai besoin de voir le contexte global dans lequel il a dit ça parce que ça ne lui ressemble pas.

– Oui euh… En fait, il n'a pas écrit la lettre. Il n'a pas eu le temps parce que… C'était… Il avait un avion à prendre pour l'Irlande.

– S'il n'a pas écrit de lettre, quand est-ce qu'il a dit ça alors ?

– Ça euh… C'était au téléphone, il a dit : « Ma fille n'est jamais meilleure que quand elle est sous pression. » Et là, Morgane, t'es plus du tout sous pression, tu vois bien que tu t'es complètement relâchée.

Il y avait beaucoup d'incohérences dans son récit, mais tout ce que j'ai retenu, c'est la phrase exacte de mon père. Je l'avais déjà entendu me dire que je n'étais jamais meilleure que sous pression, mais c'était toujours dans un contexte positif, dans le cadre d'épreuves sportives par exemple. Mes parents m'ont souvent encouragée à me dépasser et à faire de mon mieux. Et comme ils m'ont également élevée dans le refus de la méchanceté, il était impossible que mon père veuille m'encourager à créer des conflits simplement pour le spectacle que cela donnerait. J'ai expliqué à Rémi que cette phrase ressemblait beaucoup plus à mon père en effet, mais qu'elle n'avait pas le sens qu'il lui avait prêté car mes parents ne pouvaient pas être déçus de moi si je mettais en pratique les principes dans lesquels j'avais été élevée. Rémi, impatienté, m'a soudain répondu qu'il n'avait plus le temps de parler. Notre conversation s'est terminée.

Cette histoire restait très étrange pour moi. Pourquoi dire qu'il y avait une lettre si elle n'avait jamais existé ? Et comment avait-il pu extrapoler autant ? Était-il possible qu'il utilise mon père pour me manipuler en sachant que c'était mon point sensible ? Est-ce qu'il oserait faire ça ?

Lorsque je suis sortie du jeu, j'ai presque immédiatement demandé à mon père s'il avait tenu ces propos et s'il avait été déçu de moi. Il m'a regardée, sidéré, affirmant qu'il n'avait jamais dit ça. Bien au contraire, il m'avait écrit une lettre pour me faire part de sa fierté et de son amour après avoir découvert le message que j'avais fait passer pour la communauté LGBT dans le Confessionnal. Brigitte se préparait à me rejoindre dans le sas quand je l'avais délivré et n'avait donc pas assisté à cette séquence depuis le plateau. Elle n'avait pu en prendre connaissance que le lendemain, devant le replay de l'émission.

Nous étions donc loin du père déçu de moi car je ne me disputais pas avec les autres. Je n'avais cependant aucun moyen de le vérifier pour l'instant. Il fallait que j'avance à tâtons, à l'intuition. Le jeu continuait.

Nous étions toujours séparés en deux groupes. Les habitants de la Petite Maison nous manquaient, mais dans la grande et délicieuse Maison de l'immunité, nous avions de bonnes raisons de faire la fête, illustrant une fois de plus le contraste de notre quotidien entre fêtes clinquantes et conditions de vie austères. Je me souviens de soirées endiablées où nous courions et sautions dans toutes les pièces en portant des perruques multicolores et des boas en plumes. Nous les avions trouvés dans les sacs d'accessoires et costumes que nous recevions pour les soirées à thèmes. Il y en avait une ou deux par semaine et cela animait notre quotidien qui, en dépit des disputes et des aléas du jeu, pouvait vite devenir monotone et répétitif.

Il y avait un paradoxe à vivre dans cette maison. D'un côté nous ne savions jamais ce qui allait nous arriver. La production avait un programme journalier de défis ou activités de son côté, mais ne nous informait pas à l'avance de ce qui était prévu. On nous réveillait le matin avec le compte à rebours pour l'eau chaude, sans nous dire à quel moment nous serions sollicités dans la journée. Après la douche et le petit déjeuner, nous attendions. Quand nous avions une activité programmée, la sirène retentissait et on nous demandait de nous réunir au salon ou dans le jardin pour un défi. Ça durait une heure et puis c'était fini. Nous faisions alors une sieste ou nous mangions, car nos cycles de sommeil et de faim étaient complètement déréglés par le fait de ne pas connaître l'heure et nous faisions des petites pauses « sommeil » ou « casse-croûte » régulièrement. Parfois nous avions une soirée, parfois non. Si nous en avions une, on nous enfermait dans les chambres ou dans le salon plusieurs heures, avec le store baissé et les portes verrouillés, le temps de préparer le décor. Nous avions ensuite droit à quinze minutes de musique à un volume normal, le temps qu'ils fassent des images de fête, puis le son de la musique était réduit car cela gênait trop la prise de son. C'était une vie dans laquelle il fallait jongler entre l'inconnu et l'ennui.

Quand nous avions une soirée, nous étions surexcités car cela voulait dire que nous aurions également de l'alcool.

Nous n'avions droit qu'à un verre par soir et par personne, mais toute forme d'évasion était la bienvenue.

Nous avions même développé un réflexe de Pavlov avec le verrou du cellier. Quand on l'entendait cliqueter le soir, cela voulait dire qu'un agent de sécurité était de l'autre côté, en train de déposer le plateau avec nos verres nominatifs. Il n'y avait pas une seconde à perdre. On courait et on s'amassait en troupeau derrière la porte. Il fallait pousser et rester le plus proche possible de la zone d'ouverture, sinon ceux qui entraient en premier risquaient de s'emparer de plusieurs verres et de les boire avant que nous puissions en profiter. Quand l'agent de sécurité avait fini de poser le plateau, il devait effectuer une manœuvre tout en agilité et rapidité : rouvrir le verrou de notre côté, courir vers l'autre entrée avant de fermer et de verrouiller la porte côté production, en priant pour ne pas se faire écraser sous le poids de nos corps déchaînés, défonçant quasiment la porte afin d'envahir le cellier. Ne vous placez jamais entre un groupe d'humains enfermés qui réclament leur dose d'ivresse et le plateau qui leur est destiné, rempli de coupes au breuvage exaltant.

En dehors de ces moments, nous meublions nos journées en parlant entre nous, en cherchant des secrets, en pensant à des stratégies pour éviter d'être nominés, en dormant et en mangeant.

Parfois, nous inventions des petits jeux avec les moyens du bord. Par exemple, nous prenions une tasse et lancions des cailloux dedans. Celui qui visait juste marquait alors des points, avec un bonus pour un rebond, mais nous étions souvent interrompus si cela perturbait la prise de son et d'images. Le bruit des cailloux dans la tasse, par exemple, avait été jugé trop dérangeant après quelques minutes. Les voix du plafond nous avaient demandé d'arrêter.

Le vendredi soir est arrivé, et avec lui le moment fatidique de l'élimination hebdomadaire. Les quatre nominés de la Petite Maison se sont rendus dans le sas. Zelko et Ayem en sont revenus les premiers, tandis que Juliette et Simon y sont restés tous les deux, pour une énième séquence du couple brisé par l'élimination du vendredi. Juliette est finalement revenue parmi nous et Simon a quitté l'aventure.

Neuvième semaine

Le vif éclairage des néons, qui faisait jadis étinceler notre habitat et tous nos espoirs, devenait pénible et cuisant. Les couleurs rose et bleu fluo des dortoirs, autrefois pimpantes, étaient désormais criardes. Les symboles énigmatiques sur les murs, anciennement intrigants, se transformaient en barbouillage moqueur. Les murs du salon étaient enfoncés par endroits et l'une de ses portes en verre était fêlée de haut en bas. Geof s'y était d'ailleurs entaillé la main en courant pour répondre au téléphone rouge. À nouveau, l'âme de la Maison suivait et reflétait l'état de ses habitants. Mais, inondé de lumière, notre univers semblait toujours aussi propre et féerique aux yeux des téléspectateurs.

Depuis un mois, le sas du vendredi abritait deux personnes tenant l'une à l'autre et les séparait : John et moi, Zarko et Zelko, Ayem et Daniel, Juliette et Simon.

Si le scénario du couple dans le sas semaine après semaine semblait trop bien ficelé pour être une coïncidence, c'est parce que ce n'en était pas une. Nous, les candidats, n'avions pas de script officiel. Mais j'ai découvert en sortant du jeu qu'il y avait des gens payés pour tout planifier, créer des moments dramatiques et rester inventifs dans les façons de nous maintenir en alerte. Ils sont appelés des « stimuli » et « game masters ». Le soir de la grande finale, à la fin du dernier prime, on nous a invités à rejoindre la fête de fin de tournage qui était organisée par Endemol. J'y suis allée et je me suis retrouvée au milieu de deux ou trois cents personnes qui avaient travaillé de près ou de loin sur notre saison. Parmi elles, j'ai rencontré un des « game masters » de la saison. C'est lui qui m'a expliqué son job :

– Tu sais, quand il ne se passe plus grand-chose et qu'il y a des missions ou des défis qui sont lancés pour créer des conflits ou aider les gens à se mettre en couple ? C'est nous qui pensons à ça, pour dynamiser le jeu !

Il était très fier de lui. Je lui ai répondu que lui et son équipe avaient beaucoup de créativité et je suis allée parler à d'autres personnes.

De l'intérieur, tout cela était mis en place de façon plus ou moins discrète *via* le téléphone rouge et ses sentences ou récompenses arbitraires, les missions attribuées par La Voix (aller séduire quelqu'un, faire semblant d'être en couple, faire une crise de jalousie…), les conseils personnels ou intimidations de Rémi à l'encontre de certains candidats, etc. Bien entendu, nous ne savions pas encore clairement tout cela, mais nous constations bien que certaines étapes du jeu et certains départs étaient savamment orchestrés.

Cela faisait par exemple plusieurs semaines qu'Aurélie et Marie étaient systématiquement protégées en recevant des immunités via le téléphone rouge ou en étant élues « maîtresse des nominations » ou « responsable de la Maison de l'immunité ». D'autant plus que Marie avait toujours sa carte joker, une carte reçue trois semaines plus tôt, lors du prime où j'avais vu papa Brigitte. Quand Rémi était venu m'annoncer que je révélerais mon secret au public le soir même, et que des propositions me seraient faites auxquelles je devrais répondre favorablement, il était également venu dire à Marie que La Voix lui ferait une offre pendant le prime et qu'il faudrait l'accepter. L'offre en question, c'était d'aller dans la salle des Coffres, une pièce du couloir des Quatre Éléments, et de choisir parmi deux coffres celui qu'elle souhaitait ouvrir. Elle avait désigné celui qui portait son « numéro fétiche » et y avait trouvé la carte joker : un objet lui donnant le droit de retirer quelqu'un des nominations et de le remplacer par la personne de son choix. Autrement dit, elle pouvait s'immuniser elle-même puis nominer d'office n'importe qui. Il me semblait que lorsque j'avais lu le règlement du jeu, pliée en deux sur la banquette de la voiture, il était mentionné que cette carte n'était valable qu'une semaine. Cela faisait pourtant trois semaines que La Voix maintenait le pouvoir de la carte joker, ce qui avait pour effet de créer une immunité reconductible. Permettre à Marie de la conserver aussi longtemps semblait donc être une infraction aux règles du jeu. Je voulais tirer cela au clair. Ce n'était pas contre Marie personnellement, mais je trouvais cela injuste que ce soient toujours les mêmes qui soient protégés pendant que d'autres, comme Zelko et moi, devions nous battre bec et ongles et nous sentir coupables d'éliminer des personnes à qui nous tenions.

Je l'avais signalé *via* des remarques au Confessionnal, auxquelles on me donnait toujours la même réponse : « Ne t'inquiète pas, fais confiance au jeu. » Je ne savais pas ce que ça voulait dire exactement, mais j'en déduisais que les choses seraient rééquilibrées ultérieurement. Quand La Voix nous a dit que la carte joker de Marie serait valable encore une semaine de plus, je suis allée au Confessionnal et j'ai demandé à consulter le règlement du jeu. Un journaliste m'a répondu, sur la défensive :

– On peut savoir pourquoi tu veux le voir ?

– Je veux vérifier les modalités de la carte joker.

Il y a eu un silence puis un bruissement dans les haut-parleurs. C'est La Voix qui m'a répondu :

– Enfin, Morgane, non, on ne demande pas à voir le règlement d'un jeu en pleine partie.

– Et quand est-ce qu'on peut le voir, si ce n'est pas pendant qu'on joue ?

– Tu pourras regarder quand tu sortiras de la Maison.

– Vous êtes en train de me dire que je ne peux pas consulter le règlement du jeu dont je suis moi-même candidate et auquel je suis en train de participer ?

– Non, tu ne peux pas.

J'ai insisté mais le refus était net. Je me suis promis de demander à voir le règlement lorsque je quitterais la Maison des secrets, ce que j'ai tenté de faire après ma sortie. J'ai contacté Endemol et j'ai demandé à lire ce document, qui ne m'avait pas été renvoyé avec le reste de mes contrats. On m'a répondu qu'il fallait que je m'adresse à l'huissier qui en était responsable. J'ai téléphoné au cabinet de l'huissier, où l'on m'a dit qu'il y avait un règlement officiel pour le public et un autre, strictement confidentiel, réservé aux candidats, et que par conséquent, il ne pourrait m'être fourni que si je venais le consulter en personne. Je me suis donc rendue quelques jours plus tard au cabinet, en me présentant à l'accueil et en demandant à voir le règlement de *Secret Story* pour les candidats, car je venais moi-même de participer à la dernière saison. La réceptionniste m'a regardée avec des yeux ronds et s'est rendue dans un des bureaux du cabinet.

Elle en est ressortie accompagnée d'une femme mince et d'un homme large en costume-cravate, qui s'est approché de moi avec un sourire méprisant. Ils m'ont parlé tour à tour et m'ont dit qu'il fallait que je leur adresse ma demande par lettre officielle et qu'on m'enverrait le règlement. J'ai sorti un papier et un stylo de mon sac et j'ai commencé à la rédiger, en leur indiquant qu'ils pouvaient préparer le règlement pour quand j'aurai fini. Ils m'ont fait savoir que je n'avais aucune chance de repartir avec ce document, prétextant qu'il fallait qu'il soit envoyé par lettre. Pourquoi m'avoir fait venir en personne dans ce cas ? J'ai souri :

– Admettons que je ne reçoive pas ce règlement. Que fera-t-on ?

– Vous allez le recevoir, ce règlement, ne vous inquiétez pas, on s'en occupe.

– Très bien. Alors est-ce que vous pouvez signer un papier qui atteste que je suis venue aujourd'hui et que vous vous êtes engagé à me l'envoyer ?

– Non, on ne vous fera pas de papier.

– D'accord, donc si je ne le reçois pas, je reviens vous voir ?

– Oui eh bien… vous faites ce que vous voulez. Mais vous allez le recevoir.

J'ai quitté ce lieu chaleureux et, quelques secondes après mon départ, une des filles qui se trouvaient au cabinet en est sortie et m'a suivie dans la rue. Elle avait mis un foulard sur sa tête et pensait que je ne la reconnaîtrais pas. Peine perdue, je l'ai reconnue. J'ai traversé la rue et je l'ai regardée depuis le trottoir d'en face. Quand elle a compris, elle s'est arrêtée en faisant semblant de regarder une vitrine et est repartie dans l'autre sens. Fin de cette incroyable filature.

Je suis au regret d'annoncer que, contre toute attente, je n'ai jamais reçu ce règlement. J'ai bien reçu une lettre du cabinet, mais c'était pour me faire savoir que si je voulais consulter le fameux document, je devais prendre rendez-vous pour en voir une version type dans les locaux d'Endemol. J'ai finalement abandonné car nous étions en 2013, que ça faisait déjà un an que je courais après ce règlement et que je voulais voir la version que j'avais signée, et non une version trafiquée qu'ils auraient pu réécrire après pour qu'elle valide leurs choix pendant le jeu.

Pour le moment, j'étais encore à l'intérieur et la production avait une nouvelle importante à nous annoncer : nous faisions toujours de bonnes audiences et l'émission serait à nouveau prolongée de deux semaines, ce qui porterait la durée totale du jeu à quatorze semaines. Il fallait resigner des contrats, que Rémi est venu nous apporter. Mais, du fin fond de notre Maison des secrets, nous avions senti que c'était un moment crucial pour négocier. Pas trop non plus, car un candidat dissident risquerait de se faire éjecter les semaines suivantes, mais il y avait une ouverture. Pour ne pas risquer notre place, il fallait qu'on soit tous d'accord et qu'on fasse front ensemble. Endemol ne pourrait pas virer toute la Maison d'un seul coup. Ce n'était pas du tout gagné car, d'une part, certains candidats étaient connus pour ne jamais aller contre la production, et, d'autre part, personne ne nous avait prévenus de la venue de Rémi et des nouveaux contrats. Nous n'avions donc pas pu nous concerter ni réfléchir à d'éventuelles revendications, car nous n'imaginions même pas que nous aurions une possibilité comme celle-ci.

Rémi est arrivé alors que nous dînions dans le salon :

– Hey hey, super le prime d'hier, comment ça va ? Vous êtes tellement bons qu'on prolonge encore de deux semaines. Une petite signature et c'est réglé, deux semaines de plus à la télévision pour vous. Je vois que vous êtes en train de manger, je ne veux pas vous déranger, on fait ça vite.

Tandis qu'il parlait, il nous distribuait des stylos.

On l'a regardé, immobiles, fourchettes en main, contents que l'émission marche bien mais perplexes à l'idée de passer deux semaines de plus dans ces conditions. En totale improvisation, chacun a émis des demandes, et nous nous sommes collectivement syndiqués autour de deux d'entre elles, qui nous semblaient d'importances égales : la possibilité de commander un dîner chez McDonald's et celle d'obtenir de l'eau chaude en permanence. Nous avons obtenu le dîner, mais l'eau chaude en continu ne nous a été accordée que pour les samedis, qui étaient nos « jours off ». Des journées considérées comme nos jours de repos où nous étions filmés, comme tous les jours, mais où La Voix n'était pas là et où il n'y avait ni défis collectifs, ni missions individuelles. La production ne voulait pas perdre le pouvoir de nous faire quitter nos lits sur commande durant la semaine. Nous avons poussé l'insolence jusqu'à demander qu'on nous laisse faire la grasse matinée lors de nos jours off, qui étaient des lendemains de prime où nous étions généralement épuisés par les émotions de la semaine passée et l'élimination de la veille. Requête accordée. Une nouvelle ère commençait, celle des samedis avec eau chaude à volonté et la perspective d'un dîner avec frites et burgers pour tout le monde.

Quelques jours plus tard, le dîner fast-food nous est parvenu, apportant des saveurs qui nous rappelaient l'extérieur et des années de repas en famille ou entre amis. En mangeant mes nuggets, je me remémorais les mercredis de mon enfance, où chaque semaine, j'allais manger un Happy Meal avec mon père, avant d'aller voir un film au cinéma.

Nous avions eu droit à un menu et à un dessert par personne. Les frites étaient dégustées avec béatitude. Le moment était convivial, détendu, mais dans cette vie en communauté poussée à l'extrême, rien n'était jamais acquis. J'allais l'apprendre aux dépens du sundae vanille que j'avais religieusement placé au congélateur.

Il faut savoir que la Maison était un modèle d'organisation sociale à géométrie variable. Il n'y avait pas de loi précise entre nous pour régir le droit de propriété. Ce qui brouillait fortement la frontière entre les notions de partage et d'appropriation sauvage.

Alors que j'avais gardé ma glace pour plus tard, Zelko l'avait débusquée, telle une truffe blanche rarissime, et l'avait léchée en me regardant droit dans les yeux. Je m'étais lancée à sa poursuite mais je ne pouvais rien faire contre ses jambes d'un mètre trente. Après trois tours de salon à sentir l'odeur de ma glace vanille dans son sillage, j'avais abandonné la course et quitté le salon en furie. J'ajoutai cela à la longue liste des possessions qui m'avaient été « empruntées » avec ou sans mon accord au fil du jeu : dentifrice, culottes, lunettes de soleil…

Ce soir-là, j'ai réfléchi au rôle de l'État dans mon lit. Je revoyais les fondements de la vie en société et de la démocratie. Dans le monde réel, le droit de propriété et l'intégrité de toutes les glaces à la vanille sont protégés. Dans la Maison des secrets, c'était la loi du plus fort ou des plus nombreux. Et, tout en haut de la chaîne alimentaire, il y avait la production. Les tout-puissants. Ironiquement, j'ai appris en sortant qu'ils nous appelaient « les moutons de la saison 5 » car ils nous trouvaient extrêmement dociles. J'imagine que c'est la première fois qu'ils voient un mouton écrivain.

Lorsque le mardi est arrivé, nous avons découvert les noms des deux nominées de la semaine : Ayem et Marie. Cette dernière utilisa alors sa carte joker pour se sauver des nominations et désigna Zelko pour la remplacer, afin de s'assurer du départ d'Ayem. Dans notre jargon, on appelait ça « mettre un candidat en catapulte ». Cela consistait à nominer une tête très forte en face d'une autre pour s'assurer de son élimination. Les nominés de la semaine étaient donc Ayem et Zelko, avec Zelko dans le rôle de la catapulte.

Ayem savait que c'était sa dernière semaine et nous avons eu de bons derniers jours, elle et moi. Les deux ennemies que nous étions avions fini par développer une forme de respect à distance. Je lui reconnaissais sa franchise et son intrépidité. Elle avait fait quatre sas et ne reculait pas face au danger. De son côté, elle reconnaissait mon intelligence et ma ténacité. Elle avait vu que je n'avais pas répondu à la méchanceté par de la méchanceté et que rien ne pouvait me faire abandonner.

Je pense qu'elle a compris tardivement que la production avait retourné sa veste à son sujet. Ils l'avaient encouragée à être une séductrice avec tous les garçons et une diva impitoyable dans la Maison, en lui donnant des missions dans ce sens et en disant que le public adorait ça. Elle était la star féminine du début de la saison. Mais depuis deux semaines, la narration à son sujet avait drastiquement changé. Tous les messages du public ou d'anciens candidats que nous recevions parlaient d'elle comme d'une peste ou d'une garce (sachant que ces messages étaient modelés par la production). Même le présentateur avait modifié son discours avec elle. Après l'avoir fait entrer comme la beauté fatale de la Maison, la production la plombait et la faisait sortir en harpie hargneuse. Ils avaient fini de l'utiliser pour gagner de l'argent.

Le vendredi soir arriva, son thème nous fut annoncé :

– Ce soir, La Voix va vous offrir des privilèges, mais chacun d'entre eux se fera au détriment des autres habitants. Oserez-vous trahir une amitié ? Mettre les autres en danger ? Tout faire pour votre intérêt personnel ? C'est ce que nous allons découvrir.

Comme souvent dans *Secret Story*, ce qui était beau prenait rapidement une tournure tragique, ambiance spéciale trahison et couteau dans le dos. La production n'était pas intéressée par l'altruisme et la solidarité. Malheur à nous si nous oubliions un instant où nous étions.

Je fus appelée dans le jardin pour découvrir mon offre personnalisée : La Voix me proposa d'accéder à la salle des Totems, une salle du couloir des Quatre Éléments dans laquelle se trouvaient des indices sur les secrets des candidats, et de remplacer ceux qui me concernaient par de faux indices. J'avais expliqué mon secret au public, dans l'enceinte du Confessionnal, mais les autres candidats ne le connaissaient pas et cherchaient toujours à le découvrir pour s'emparer de ma cagnotte. La Voix me proposait donc de préserver ma fortune virtuelle mais il y avait un prix à payer : je devais offrir aux habitants un indice décisif sur le secret de Zelko.

Il faut comprendre comment Endemol voit les candidats de téléréalité. Pour eux, nous sommes tous de jeunes opportunistes prévisibles et narcissiques, assoiffés de gloire et prêts à tout pour rester le plus longtemps possible à la télévision. C'est peut-être vrai dans certains cas, il y a des candidats qui peuvent être ainsi, mais nous ne le sommes pas tous. Et c'était mal me connaître que de croire que j'allais trahir Zelko, qui m'avait protégée envers et contre tout, pour des indices en plastique dans la salle des Totems, même si je devinais bien qu'en me proposant un deal comme celui-ci, c'était le rebondissement que la production espérait.

Zelko et moi, nous n'étions pas devenus amis et alliés par hasard, par intérêt ni par nécessité. Nous partagions les mêmes valeurs profondes, la même vision du jeu et de la vie : nous les traverserions en gardant nos principes et notre honneur. Nous refusions de les tordre pour faire du buzz ou pour nous débarrasser de nos adversaires. Et comme tout le monde n'avait pas choisi d'avoir la même attitude, dans cet univers parallèle aux règles morales déformées, Zelko et moi, nous nous comprenions. Nous ne nous battions pas seulement pour aller en finale, nous nous battions pour le faire de façon digne.

La production croyait-elle vraiment que j'allais le tacler à la première occasion ? Bien sûr. Mais je ne pensais pas ainsi et quand j'ai entendu le nom de Zelko, il a été hors de question pour moi de lui nuire. Je n'ai même pas eu besoin de réfléchir à la fin des explications de La Voix. J'ai répondu haut et fort :

– Non, je refuse.

J'avais espéré que le jeu me donne le pouvoir de lui rendre sa protection, ne serait-ce qu'une fois. L'occasion de lui prouver que, contrairement à ce que certains disaient, il n'était pas juste un bouclier que j'utilisais pour avancer dans le jeu. J'attendais le moment où je pourrais lui montrer à quel point je l'estimais et l'aimais comme un grand frère. L'écran qui affichait la photo de Zelko est passé au vert, synonyme de préservation. La Voix a repris sur un ton surpris :

– Très bien, Morgane, dans ce cas, tu n'iras pas dans la salle des Totems et ton secret restera en danger. Tu peux retourner au salon.

Je suis allée retrouver les autres habitants, sous le regard interloqué de Zelko qui n'avait pas entendu mon offre personnalisée. Il avait seulement vu la couleur de l'écran changer autour de son portrait :

– Tu m'as protégé ?

– J'ai protégé ton secret, mais ne fais pas de sentiments.

Ce n'était pas le moment de leur offrir sur un plateau un nouveau duo à séparer dans le sas. Cette proposition vicieuse était déjà annonciatrice d'une volonté de nous transformer en kryptonite l'un pour l'autre. Nous avions appris de nos erreurs précédentes et, pour demeurer en sécurité, il fallait rester sobres.

Il était temps de dire au revoir aux nominés. Ayem et Zelko se sont rendus dans le sas et c'est Zelko qui en est revenu. C'était son côté superhéros, il était totalement invincible.

Dixième semaine

Le manque d'hygiène dans la Maison ne faisait qu'empirer et j'ai attrapé une sorte de grippe intestinale foudroyante. Des plaques rouge sang étaient apparues quelques jours plus tôt au niveau de mon entrejambe et me démangeaient souvent. Je soupçonnais que c'était dû aux douches en maillot de bain, avec le frottement répété du maillot humide, mais je n'en étais pas sûre et j'en avais tellement honte que je n'en parlais pas et les cachais autant que possible. Le cumul de ces deux soucis et l'absence de médicaments adaptés m'ont conduite à demander à voir le docteur officiel de l'émission. Je me souvenais qu'il m'avait assurée que je n'aurais pas à donner de détails sur mes soucis de santé si je souhaitais le voir, et je suis allée au Confessionnal bien décidée à ne me confier qu'au médecin lui-même. Je me sentais déjà suffisamment exposée dans tous les autres aspects de ma vie. Mais les tout-puissants ne l'entendaient pas ainsi et les voix du plafond m'ont forcée à expliquer précisément les raisons de ma demande, pour ensuite me refuser le droit de voir le médecin en personne :

– Pourquoi tu veux voir le docteur, explique-nous ?

– J'ai un problème de santé et j'aimerais lui en parler en privé.

– Ah bon ? Mais c'est quoi exactement ton problème ?

C'était un journaliste qui me posait cette question. Je ne voulais pas céder :

– C'est quelque chose dont je n'ai pas envie de parler.

Il y a eu un bruissement dans les haut-parleurs et Rémi a pris la parole :

– Morgane, je viens d'apprendre que tu étais malade ! Rien de grave j'espère ? Que se passe-t-il ? Tu peux me le dire, ça restera entre toi et moi.

– Oui bon, j'ai un souci mais je n'ai pas envie de raconter mes symptômes devant tout le monde. J'ai le droit au secret médical et je veux en parler seulement avec le médecin.

– Si tu ne nous dis pas ce que tu as, on ne peut pas savoir si ça vaut la peine d'appeler le médecin.

– Quand j'ai fait la visite médicale, il m'a dit que je n'étais pas obligée de vous dire ce que j'avais pour le voir.

– Oui, mais s'il vient on doit couper les caméras, c'est compliqué, ça fait du temps d'enregistrement en moins, donc il faut vraiment que ce soit important et on ne peut pas l'appeler si tu ne nous dis pas ce que tu as.

J'ai compris que je n'avais pas le choix. Si je voulais des cachets pour calmer la douleur, il fallait que je lui explique mon problème. J'ai tenté de le faire avec le plus de dignité possible :

– Rémi, ça fait vingt-quatre heures que je cours aux toilettes toutes les trente minutes. J'ai mal et je n'ai plus de forces. Je me sentais déjà épuisée avant mais là, il me faut quelque chose pour stopper ça.

– Ah ! Tu as une petite gastro, ce n'est rien. On ne va pas faire venir le médecin pour ça. On va te le passer au téléphone, ça suffira. Reste ici on va l'appeler.

– Non mais je préférerais le voir en personne, pour qu'il m'ausculte.

– Pourquoi, il y a autre chose ?

Je ne voulais pas parler de mes plaques rouges à l'entrejambe. Pour un peu, on allait me demander de les montrer aux caméras pour qu'ils jugent depuis la régie si cela méritait le regard d'un médecin ou pas.

– Non, il n'y a rien d'autre mais je veux le voir en personne.

– Ce n'est pas la peine. On va te le passer sur le téléphone fixe du Confessionnal. Je te dirai quand tu pourras décrocher.

Après quelques minutes, Rémi m'a dit que le médecin était en ligne et que je pouvais lui parler. J'étais toujours devant les caméras et micros du Confessionnal, sans moyen de savoir s'ils avaient été coupés ou si des oreilles indiscrètes m'écoutaient depuis la régie. Je soupçonnais que oui, mais c'était ma seule chance d'avoir des cachets alors j'ai pris le téléphone et j'ai expliqué mes problèmes intestinaux du mieux que j'ai pu, sans mentionner le reste. Le médecin m'a dit qu'il allait me faire passer des médicaments et m'a conseillé de m'en tenir au riz, aux pâtes ou à la purée pendant quelques jours. Concernant mon état de fatigue, il était déjà au courant :

– Tu n'es pas la première à me le dire. Ça fait dix semaines que vous êtes tous dans un état de stress intense. Le corps ne peut pas tout absorber sur une durée aussi longue. Il faut essayer de vous ménager et de vous reposer si vous le pouvez. Je vais vous faire passer des vitamines.

Il a fallu que j'attende encore plusieurs heures pour qu'un agent de sécurité m'apporte les médicaments qu'on m'avait autorisée à recevoir. J'ai patienté en mangeant du riz. Et je me suis fait une raison : ma douleur n'était pas une priorité pour la production et n'était pas aussi importante que le temps d'enregistrement.

J'ai passé quelques jours entre mon lit et le canapé du salon, m'abstenant de participer aux activités sportives de la plage artificielle que nous avions dans le jardin cette semaine-là.

Le temps se dilatait et j'avais l'impression que cela faisait un an que j'étais dans *Secret Story*. Ma vie passée et mon lit me semblaient très loin, dans une autre galaxie. Parfois je regardais autour de moi. Je voyais la Maison et je fantasmais sur tout ce que je pourrais faire quand je serais à l'extérieur : boire un café en terrasse, lire quelque chose, un livre, un magazine, un mode d'emploi, n'importe quoi. Regarder un film. Aller au restaurant. Marcher dans la rue. Avoir un téléphone. Écouter de la musique fort dans un casque. Aller sur Internet. Revoir mes parents. Revoir ma famille. Revoir Morgan, Zarko et peut-être John, même si je n'avais reçu aucune lettre de lui et que ce n'était pas bon signe. Retrouver une vie normale et surtout retrouver la liberté. C'est quand on la perd qu'on se rend compte que l'humain est réellement une créature faite pour vivre libre. Sans la liberté, nos instincts primaires ressortent et ce qui nous rend civilisés disparaît petit à petit.

Je me sentais sujette à des pulsions alimentaires et émotionnelles, accentuées par la perte de repères temporels. Au début, j'étais curieuse et je m'étais dit que vivre sans horloge serait une bonne expérience, que je m'en tiendrais au rythme de mon corps. J'y avais cru deux semaines et j'avais été forcée de constater que c'était en fait très déstabilisant. J'allais me coucher quand la production voulait bien éteindre les lumières, ce qui n'était pas toujours quand nous le demandions, sans savoir l'heure qu'il était, et je me réveillais avec le compte à rebours pour l'eau chaude, sans savoir combien de temps j'avais dormi ni si j'avais une raison de me sentir fatiguée. L'éclairage au néon finissait de chambouler nos rythmes circadiens et notre horloge biologique. C'était comme vivre dans un décalage horaire permanent. Cette perte de la notion du temps, cumulée à l'enfermement, altérait aussi nos cycles de faim. Il y avait toujours quelqu'un en train de manger, par ennui, par mimétisme ou par stress. Presque toutes nos émotions se géraient avec la nourriture. Si nous étions contents, nous fêtions ça avec une tartine de Nutella. Si nous étions tristes, nous nous consolions avec une tartine de Nutella. S'il n'y avait plus de Nutella, la situation devenait critique. Manger nous apaisait. Et puis, ça nous donnait une contenance, une occupation, une illusion de vie sociale.

Quant à nos fonctions mentales, elles n'étaient pas non plus à la fête. Le cerveau s'atrophie en situation d'isolement, même à plusieurs. Une anecdote, survenue la semaine précédente, m'avait d'ailleurs horrifiée. Alors que nous écrivions notre hommage aux nominés, Aurélie était venue me demander comment le verbe « perdre » se conjuguait au passé simple. Quand j'ai voulu lui répondre, j'ai réalisé que je n'en avais plus aucune idée. Perdu ? Perda ? Perdi ? Toutes les options se confondaient dans mon esprit. Pourtant je n'ai jamais eu de problème avec la langue française, mais à ce moment-là je n'avais plus accès à tout mon vocabulaire ni ma grammaire.

À ma sortie du jeu, j'ai fait des recherches qui m'ont appris des faits très intéressants sur les effets du stress chronique. Un article du *Figaro Santé*[4] m'a ainsi révélé qu'un stress intense et prolongé pouvait affecter l'hippocampe, une structure cérébrale qui contrôle l'humeur, la mémoire et la concentration. Mais ce n'est pas tout, le cortex préfrontal est aussi touché, *via* une diminution du volume de la substance grise et du flux sanguin, ce qui peut rendre des individus incapables de contrôler leurs émotions, de prendre des décisions et d'adapter leur attitude. Enfin, le stress chronique dérègle également le fonctionnement de l'amygdale, une autre zone cérébrale essentielle dont le rôle est de gérer les émotions. Son dysfonctionnement entraîne irritabilité et anxiété.

Si le doute persiste encore sur la nocivité de nos conditions de vie et leur raison d'être, je cite les propos de Philippe Bartherotte[5], ancien journaliste de téléréalité mentionné précédemment : « Les souffrances et les joies des candidats nous laissent indifférents. Notre métier, c'est d'exploiter leurs faiblesses. Les faire souffrir au maximum pour qu'ils craquent. Plus ils craquent, plus les courbes d'audience explosent. Et s'ils ne craquent pas, nous nous devons au moins de les rendre ridicules pour que toute la France puisse se payer une bonne tranche de rire. »

Une forme de violence psychologique invisible au premier regard, car elle ne marque pas les chairs, mais dont les effets sont bien réels.

En d'autres termes, nous étions placés dans des conditions de vie conçues pour nous pousser à bout, en sachant que cela

4 « Submergé par le stress, le cerveau peut dérailler » par Anne-Laure Lebrun, *Le Figaro Santé* du 15 mars 2018.
5 Dans son livre *La Tentation d'une île*, *op. cit.*

affecterait notre capacité à gérer nos émotions, nos réactions et à prendre des décisions cohérentes. Ce qui se traduit par des crises de rage et de larmes et donne ce qu'Endemol considère comme de bonnes images de télévision.

Le ridicule apparent des candidats dans ces situations masque parfois une détresse profonde. Ce ne sont pas des éléments à prendre à la légère. Placer des êtres humains dans un stress si fort qu'il peut faire dérailler leur cerveau, pour en tirer des images humiliantes et en faire un spectacle télévisé, ne devrait pas être un sujet risible. Certains pourraient même invoquer une notion de droit très puissante dans le système normatif français : l'atteinte à la dignité humaine.

Cette notion juridique est apparue en France dans les années 1990 pour mettre fin à une pratique à la mode dans certains bars et discothèques : le lancer de nains. Un divertissement durant lequel on remettait une somme d'argent à des personnes de petite taille, qui n'avaient pas forcément beaucoup de possibilités financières par ailleurs, en échange de leur utilisation comme projectiles humains, qu'on lançait en tentant de leur faire parcourir le plus de distance possible. Il est à noter que les intéressés portaient des casques ainsi que des costumes rembourrés et qu'on les lançait sur des matelas. Le spectacle produit, bien qu'au prix de leur humiliation, était considéré comme amusant. En 1995 cependant, le conseil d'État autorisa les mairies à interdire cette activité, considérant que même si ses participants étaient consentants, cela représentait une pratique si dégradante qu'elle portait atteinte à la dignité de la personne humaine et troublait l'ordre public.

Je m'interroge donc : considérant que la téléréalité d'enfermement consiste à isoler des êtres humains dans un espace clos, à utiliser une variété de procédés potentiellement dangereux pour leur intégrité physique et mentale dans le but d'observer la dégradation de leur état et d'en faire un divertissement, cette pratique ne constitue-t-elle pas également une atteinte à la dignité de la personne humaine ?

Si un jour la France veut en finir avec la téléréalité, il faudra que cela passe par une interdiction légale. Le cas échéant, l'atteinte à la dignité de la personne humaine semble être la seule notion assez fondamentale pour contrer ce phénomène de société aussi rentable que dégradant. Je ne dis pas qu'il faut nécessairement l'interdire, mais je peux en revanche affirmer que laisser cette industrie continuer sur sa lancée sans aucun encadrement est incompréhensible et dangereux.

Qui pourrait contrôler ce qui se passe pendant les tournages ? C'est une grande question. Le CSA n'a apparemment autorité que sur les images diffusées mais pas sur la façon dont elles sont obtenues. La preuve en est qu'il ne contrôle pas si nous recevons nos « heures CSA » ou non. La police ? Il faut qu'elle reçoive un appel, et nous n'avons pas de téléphone. De plus, les tournages sont organisés dans des lieux clos et interdits d'accès, gardés par des vigiles armés. Pour le moment, les boîtes de production s'organisent comme elles le veulent, à l'abri de tout regard extérieur, murées derrière des clauses de confidentialité en béton, qu'elles imposent à quiconque frôle d'un cheveu leurs programmes.

C'est facile de faire rêver le public en faisant croire à un univers graphique, lointain et semi-imaginaire. On ne voit jamais la Maison en vrai, on ne sait pas où elle est. Il y a toujours une légende, une voix qui raconte et une petite musique qui prédisposent à écouter une histoire.

Mais derrière cela, il y a des candidats qui vivent dans des montagnes russes émotionnelles permanentes et qui, eux aussi, pensaient que cette Maison était extraordinaire avant d'y vivre. En réalité, c'est juste un studio en carton-pâte dans une banlieue parisienne, qui a l'air beaucoup plus grand et plus beau à la télévision qu'en vrai.

Il y a cependant un élément puissant qui nous retient et rend cette aventure non seulement supportable mais aussi extraordinaire : les liens humains que l'on tisse dans la Maison entre candidats. Même avec nos ennemis supposés. Nous sommes dans les tranchées ensemble. Nous formons la tribu des habitants de la Maison, fondée envers et contre tout depuis le 8 juillet 2011. Collectivement coupés du monde extérieur depuis dix semaines. Qui d'autre que nous va comprendre ce que nous avons vécu ici ? On peut se détester le matin, se pardonner l'après-midi et rire ensemble le soir. Nous avons vécu des moments incroyables tous ensemble et ils réchaufferont ma mémoire aussi longtemps que j'en aurai une. Je me souviens de parties de cache-cache endiablées avec des gens qui se camouflaient dans des tiroirs ou des poubelles. Des gens qui se couraient après tout nus et tombaient les uns sur les autres. Il y avait des batailles de coussins sans pitié et des dîners où nous nous regardions solennellement avant de déclarer : « Pendant une heure, on ne parle pas du jeu et on redevient des personnes normales. » Il y avait aussi des moments où, conscients d'avoir une responsabilité envers le public qui nous regardait, nous lancions des débats de société et tentions de promouvoir des valeurs positives. Après la révélation du secret de Sabrina, nous avions beaucoup parlé du don d'organe. Nous avions aussi eu d'autres débats sur le mariage gay, qui n'était pas encore légal et auquel nous étions tous favorables, ou encore sur la place des femmes dans la société et la nécessité du féminisme. C'était aussi pour ces moments-là que je me battais coûte que coûte. Je me sentais fière de parler de ces sujets à la télévision. Je me disais que si nous pouvions toucher ne serait-ce qu'une personne de façon positive, ça vaudrait le coup d'être venue ici. Le soir, pendant ma méditation, je pensais à mon père et à toute ma famille. J'essayais de puiser dans leur force, leur amour et dans les souvenirs heureux de ma vie.

Un, en particulier, me revint à plusieurs reprises. Quand j'avais environ dix ans, nous étions partis en vacances en Ardèche, mes parents et moi. Nous avions loué un kayak pour descendre les rapides, il fallait zigzaguer entre les rochers. Alors que les flots s'étaient déchaînés, notre embarcation s'était retournée et nous avait éjectés tous les trois. Nous portions les gilets de sauvetage obligatoires mais j'étais encore trop jeune pour nager dans ce courant et éviter les rochers. Ma mère m'avait tirée vers la rive rocheuse et m'avait dit de l'escalader. Alors que j'avais encore une jambe dans l'eau, le courant projeta le kayak sur celle-ci et il me fractura le tibia sur le coup. Au cri que j'ai poussé, mon père disparut sous l'eau pour me libérer du kayak qui m'écrasait. Un des bronzeurs perchés sur la rive m'a alors attrapée sous les aisselles et sortie de l'eau comme si je pesais deux grammes, puis a aidé ma mère à escalader la paroi.

J'ai juste eu le temps de me retourner et de voir mon père s'accrocher au kayak, avant qu'ils ne disparaissent tous deux de mon champ de vision, emportés derrière un virage par le courant. Ma mère et moi avons longé le cours d'eau pour retrouver mon père. On ne craignait pas pour sa vie car il portait un gilet et que le ruisseau alternait les passages mouvementés et les zones plus calmes, mais nous espérions qu'il ne s'était pas blessé. Dix minutes plus tard, nous l'avons retrouvé sur un petit rivage, essorant son tee-shirt. Il avait récupéré le sac contenant nos effets personnels et avait réussi à éviter la moindre rayure sur le kayak afin de pouvoir récupérer la caution en fin de journée.

Quand je repensai à cet événement dans la Maison je ne pus en tirer qu'une conclusion : mon père était un superhéros multifacettes. Un ancien sportif aussi bien capable de lutter contre les flots déchaînés que de s'habiller en femme et d'avoir du style sur des talons aiguilles. De mon côté, j'avais la moitié de son ADN, ça m'aiderait bien un petit peu à mener ma barque dans ce jeu. Je ne le réalisais pas toujours, mais j'étais moi aussi forte et résistante. La preuve, à l'époque de l'incident du kayak, on ne s'est pas rendu compte que j'avais une fracture sous le genou. J'avais un bleu énorme mais j'ai continué à marcher en boitant et l'os s'est ressoudé tout seul. Ce n'est que plusieurs années après, face à une radio de ma jambe, qu'un médecin a déclaré que j'avais eu une belle fracture nette au tibia. Ma mère s'est exclamée, surprise, qu'on ne s'en était jamais aperçus et qu'on ne savait pas de quand cela datait. Je l'ai regardée droit dans les yeux et j'ai rétabli la vérité : « Moi, je sais, c'est le kayak en Ardèche ! Je vous avais bien dit que ça me faisait mal ! » En attendant, j'avais survécu et guéri par moi-même. Si je pouvais marcher avec un tibia fracturé, forte de mon demi-ADN de superhéroïne, je pouvais survivre encore un peu dans la Maison.

Le vendredi après-midi, on m'a appelée au Confessionnal :

– On va faire venir le médecin aujourd'hui parce que Sabrina l'a demandé, tu veux toujours le voir ?

Ils avaient attendu que nous soyons deux pour faire un tir groupé. J'allais mieux mais j'ai accepté. Il m'a auscultée au milieu du couloir des Quatre Éléments, sans que je sache véritablement si les caméras et micros avaient bien été coupés. J'ai profité de sa présence pour lui demander de renouveler le stock d'antihistaminiques, qui était revenu à zéro, et j'ai gardé le silence sur mes plaques rouges. Ce problème-là attendrait ma sortie du jeu.

Il était déjà temps de vivre notre dixième prime. Quand nous nous sommes réunis au salon, un nouvel élément de décor nous y attendait : une grande planche sur laquelle reposaient six clés mystérieuses et numérotées. La Voix demanda à Geof et à Zelko de les distribuer selon leur bon vouloir. Une fois que nous avons tous eu nos clés en main, le présentateur a lancé une page de publicité. Nous avons alors entendu de lourds bruits de course dans les couloirs de la production en direction de la salle des Coffres. Nous nous sommes regardés les uns et les autres tout en comprenant que maintenant qu'ils savaient quels numéros nous avions eus, ils étaient en train d'organiser le contenu des coffres correspondants. Je dois reconnaître qu'il faut une intelligence redoutable pour penser à toutes ces manœuvres. Nous étions tous à l'école du machiavélisme, étudiants et cobayes, dans cette émission qu'Endemol présente comme « non scénarisée ».

Quand le prime a repris, La Voix nous a donné rendez-vous entre les murs noirs de la salle des Coffres et nous a expliqué que l'un d'eux contenait la « carte de l'élimination ». Elle permettrait à un joueur d'éliminer l'habitant de son choix sur-le-champ. Il n'y aurait ainsi pas de nominations la semaine suivante, mais il faudrait attendre le lundi pour savoir qui avait reçu la clé du coffre enchanté.

En attendant, il fallait faire nos adieux aux nominés. J'ai regardé Geof et Zelko se rendre dans le sas et j'ai vu Zelko en revenir, aussi content de continuer que désolé d'avoir éliminé son ami Geof.

Onzième semaine

Les dynamiques dans la Maison évoluaient chaque semaine. Il y avait d'un côté les rescapés du secret des couples échangés et de l'autre Sabrina, Juliette, Zelko et moi. Par chance, c'est Juliette qui hérita du pouvoir d'élimination aussi convoité que redouté. Elle avait vingt-quatre heures pour désigner sa victime, mais pour Zelko et moi, le ciel était dégagé.

À ce stade, nous dormions souvent tous les trois Juliette, Zelko et moi, dans le grand lit rond qui se trouvait au milieu de la chambre rose. Notre superhéros serbe se plaçait au milieu et ouvrait les bras. Nous posions chacune notre tête sur un côté de son torse et nous endormions. Juliette avait officiellement rejoint notre cercle, même si, bien sûr, Zelko et moi étions toujours prêts à nous protéger l'un et l'autre en priorité.

Quand il s'agissait de lui et moi, notre duo était indestructible et intouchable. Après six semaines à dormir ensemble, le rythme de sa respiration m'était aussi familier que la mienne. Je connaissais par cœur ses mouvements de pieds dans le lit et, selon leur vitesse, je savais quelle était son humeur. Nous parlions autant avec des mots qu'avec des regards ou des pressions de mains. Nous avions même une technique pour pouvoir parler sans être entendus de la production. Nous allions dans la piscine, un des seuls lieux où nous avions le droit de ne pas porter nos micros, nous nous placions au milieu de celle-ci et tabassions la surface de l'eau avec nos mains. Le clapotis infernal qui en découlait rendait notre conversation inaudible sans que nous soyons directement en infraction. Nous nous faisions rapidement rappeler à l'ordre car cela restait un détournement des règles, mais cela nous permettait de nous transmettre certaines informations. Nous aurions aussi pu utiliser les stylos cachés dans la Maison et écrire sur un morceau d'emballage, mais l'avantage de cette méthode était de ne pas laisser de trace.

Une telle complicité n'avait échappé à personne, et encore moins aux journalistes réalisant nos interviews quotidiennes au Confessionnal. Ils me demandaient inlassablement : « Alors, tu es tombée amoureuse de Zelko ? » Je leur répondais calmement qu'il n'y avait pas de ça entre lui et moi, mais ils ne se laissaient pas décourager : « Non mais arrête, c'est évident », « Il faut cesser de te mentir à toi-même », « Sur les images on voit bien qu'il se passe quelque chose ». Des archéologues émotionnels, aguerris à la fouille affective.

Zelko et moi, nous partagions une immense tendresse l'un pour l'autre, assurément. Mais quant à ressentir du désir, non. Je le trouvais beau, mais il n'y avait pas d'ambiguïté ni d'attirance physique. J'étais sa protégée, non sa fiancée, et je l'aimais comme un grand frère. En plus de toutes ces considérations, j'avais déjà eu une relation dans la Maison des secrets, et par respect pour John, je ne me serais pas permis d'en avoir une seconde.

Un jour, lors d'une interview, je me suis presque fait disputer :

– Bon, Morgane ça suffit maintenant, il faut avouer tes sentiments pour Zelko.

J'ai répondu que je ne leur dirais pas même si j'en avais, car je ne voudrais pas qu'ils les retournent contre moi comme ils l'avaient fait avec John. Rémi est arrivé et m'a passé un savon :

– Tu comprends le principe de la téléréalité ? T'es dans un jeu et tu ne veux pas jouer ? Déjà que tu ne fais pas de clashs avec les gens, maintenant tu ne veux pas parler de tes sentiments ? Tu penses que tu es là pour quoi ?

J'entendais son mépris à travers les haut-parleurs. Il me voyait comme une candidate médiocre. Je n'étais jamais assez bien car pas assez sexy, provocatrice ou agressive. Comme si utiliser son cerveau et son cœur était ridiculement insuffisant pour faire de soi une personne intéressante.

Quand j'avais parlé au journaliste, je ne m'attendais pas à ce que Rémi soit à côté et qu'il me réponde. Sa colère était plus effrayante à recevoir que celle des autres. Premièrement car il n'était pas une personne abstraite et déconnectée de moi. Il connaissait mon père, mon histoire et il m'avait autrefois trouvée attachante et fascinante. Et, deuxièmement parce qu'en tant que producteur, c'était lui, le véritable maître du jeu et de mon avenir à court terme. Qu'allait-il m'arriver s'il décidait de me saquer au montage ? Ne serait-il pas plus intelligent de ma part de lui donner ce qu'il voulait, des clashs et des couples, et d'aider la production à atteindre son quota de disputes et de scandales ? Si c'était ça, la recette pour exploser l'audimat et le compteur de popularité, autant s'y prêter pendant trois semaines, aller en finale et sortir d'ici ultra célèbre, non ? Pour moi, c'était trafiquer la réalité et manipuler le public, mais puisque Rémi et les journalistes m'assuraient que ça marchait comme ça et que c'était ce que les gens voulaient, qu'ils s'attacheraient plus à moi si je leur donnais du spectacle à n'importe quel prix, pourquoi résister ? Qui étais-je pour remettre en cause tout ce système qui avait déjà fait ses preuves, années après années ?

J'avais vingt et un ans et je n'étais que moi. En face, il y avait la production d'une immense émission. Des fabricants de stars avec des moyens quasi illimités. Ils étaient gigantesques et j'étais minuscule.

Mais, aussi jeune et vulnérable que j'étais, il y avait quelque chose en moi qui leur disait non. Qui affirmait que je savais quel genre de personne j'avais envie d'être et que je ne les laisserais jamais faire de moi ce que je ne voulais pas être. Que j'avais le droit de choisir d'utiliser l'intelligence et l'empathie sans que cela me disqualifie. Et, surtout, que quoi qu'ils en disent, j'avais de la valeur. Que ma voix comptait, que j'avais de l'intérêt et des messages à partager avec le monde. Que j'avais assez de force pour être ma propre personne en dépit de leur désapprobation. Quelque chose avait changé en moi. Dans cet univers lointain et hostile, une nouvelle Morgane était née, plus forte et plus indépendante, pour secourir celle qui était entrée dans cette Maison encore trop innocente et fragile.

J'ai appris à trouver mes propres réponses à l'intérieur de moi. Et en mon âme et conscience, même quand Rémi et ses équipes tentaient de me démontrer l'absurdité de ma résistance, j'entendais la voix de la sagesse me dire calmement : « Ne t'inquiète pas, tu sais ce qui est juste ou non au fond de toi. Tu sais qui tu es. Si on te demande de faire quelque chose qui est foncièrement contraire à tes valeurs, ne le fais pas. » Et mentir sur mes sentiments, attaquer gratuitement les autres pour les humilier à la télévision ou manipuler le public étaient effectivement en opposition totale avec celle que j'étais et ce que je voulais représenter dans une émission suivie par des millions de jeunes.

On a tous cette voix de la sagesse en nous, qui sait qui nous sommes et quel est notre moteur dans la vie, mais on ne l'entend pas toujours. On ne l'entend pas quand tout va bien. Elle n'émerge que lorsqu'on est à genoux. Quand il faut rassembler son courage et faire face à une situation qui pourrait nous détruire. C'est là qu'elle nous parle. Elle sait ce qui doit être fait ou ce qui doit être dit. Et elle nous relève même quand on ne pense plus pouvoir tenir debout.

Pour l'heure, j'étais assise dans le Confessionnal en train d'écouter Rémi. J'ai eu un moment de doute et puis c'était fini, il ne m'impressionnait plus. Ses paroles et sa vision du monde ne m'atteignaient plus. J'avais survécu onze semaines sans me renier ni faire du mal aux autres. J'avais pris des claques, des crochets, des uppercuts et j'étais toujours là. Il pourrait dire ce qu'il voudrait, je resterais secrètement immunisée. Je ne pouvais pas le lui dire ouvertement, mais il incarnait pour moi l'archétype du producteur sans scrupule qui ment comme il respire. Je ne donnerais plus aucun crédit à ses paroles. Il fallait juste que je parvienne à lui résister de façon intelligente, sans montrer ce que je pensais réellement de lui et de sa façon de faire une émission. Il n'avait plus d'emprise psychologique sur moi, mais il était toujours le maître du jeu. J'ai répondu à ses questions en lui disant que oui, je savais pourquoi j'étais venue là : pour parler de mon père et vivre une aventure humaine tout en restant fidèle à mes valeurs. C'était une façon de botter en touche et ça a marché. L'incident était clos et je suis ressortie du Confessionnal.

Le lendemain, Juliette choisit d'éliminer Aurélie, qui fut en réalité envoyée dans la Petite Maison. La porte qui grinçait matin et soir nous signalait ses allers-retours au Confessionnal.

J'avais réussi à entretenir un mystère total autour de mon secret pendant dix semaines. Une prouesse lorsqu'on vit vingt-quatre heures sur vingt-quatre avec une pluralité d'enquêteurs. Les interrogatoires sont nombreux, les zones de notre vie passées sous silence sont détectées et les occasions de gaffer surgissent sans prévenir, au détour de souvenirs racontés ou de conversations inoffensives dans lesquelles on fait soudain le commentaire de trop.

Je m'étais cependant inventé un faux papa psychologue, inspiré des vrais diplômes de mon père, et j'étais parvenue à brouiller les pistes. À tel point qu'on m'avait affublée de secrets aussi variés que farfelus, comme : « Descendante de la famille impériale de Chine », « Ancienne championne olympique » ou encore « Joueuse professionnelle de Scrabble ». Puis, les premiers indices donnés par la production avaient circulé : une enveloppe à mon nom contenant le mot « Famille », une autre avec les symboles féminin et masculin dessinés ensemble, une tête d'homme avec une perruque, deux cartes à jouer représentant une paire de dames, un bocal contenant un rouge à lèvres et un rasoir, un autre contenant un talon aiguille avec une moustache… Et quand la onzième pièce à conviction me concernant apparut, les habitants découvrirent mon secret.

Lorsqu'il y a un buzz, il est suivi d'une confrontation entre les personnes concernées, à l'issue de laquelle l'enquêteur décide de le confirmer ou non. Je me suis rendue au Confessionnal pour y retrouver Juliette et découvrir ce qu'elle avait buzzé : « Je pense que le papa de Morgane est devenu une femme. »

Sueurs froides. Ce n'était pas mon intitulé exact, mais à quelques détails de formulation près, c'était mon secret. J'ai tenté de lui dire que les possibilités d'interprétation des indices étaient très larges et de la dissuader. Puis j'ai quitté le Confessionnal en la laissant avec La Voix pour qu'elle lui donne sa décision finale. Quelques minutes plus tard, La Voix m'a rappelée pour m'annoncer qu'elle avait confirmé son buzz. Il était temps pour la révélation : une cérémonie dans le salon avec tous les habitants, au cours de laquelle une personne buzzée révèle officiellement que son secret a été découvert. La Voix m'a demandé sur un ton amical :

– Ça va, tu te sens prête ou tu as besoin de quelques minutes pour t'y préparer ?

J'ai souri, émue rien qu'à l'idée de parler encore une fois de mon père, avant de répondre que ça irait. J'étais en fait heureuse et impatiente de partager cette partie de ma vie avec les autres candidats. Nous vivions ensemble en permanence depuis soixante-dix-sept jours et j'avais dû dissimuler toute une partie de mon existence. Mon histoire de famille m'est chère et elle a façonné la personne que je suis. Devoir la cacher pendant onze semaines m'avait fait réaliser combien elle était importante pour moi et influençait ma façon de considérer la vie et mes rapports avec les gens. Ne pas pouvoir l'évoquer, ne serait-ce qu'une seule fois, s'était révélé bien plus difficile que je ne l'imaginais. À ce niveau également, l'aventure *Secret Story* m'a appris quelque chose sur moi-même que je n'aurais pas découvert autrement.

Je suis sortie et me suis dirigée vers le fauteuil rouge de la révélation, sous les yeux de Zelko, Sabrina, Geoffrey, Marie et Juliette qui m'attendaient dans le salon. La Voix a lancé la cérémonie. Trois caméras ont pivoté vers moi simultanément. J'ai pris une grande inspiration et je me suis lancée :

– Alors, les amis, je sais que je vous ai beaucoup intrigués depuis le début. Je sais qu'effectivement, ça se voit que j'ai grandi dans une atmosphère un peu différente, puisque oui, Juliette a découvert mon secret, dont l'intitulé exact est « Mon père s'appelle Brigitte ».

L'enquêtrice a bondi de sa chaise et a couru vers moi pour me sauter dessus et me faire un câlin. Les autres me regardaient, émus, avec de grands sourires. Je pouvais enfin tomber le masque avec eux. Leur parler de la personne pour laquelle j'étais venue ici et que je voulais rendre fière. Après l'avoir raconté au public, c'est aux candidats que j'ai expliqué que j'avais appris mon secret à l'âge de quatorze ans et que j'avais grandi entourée de travestis et de transsexuels, tous aussi courageux, intelligents et gentils les uns que les autres.

J'ai enfin pu leur parler de mon père, leur dire qu'il avait choisi d'avoir une double vie, en s'appelant parfois Philippe et parfois Brigitte. Et j'ai conclu en réitérant mon message :

– Je l'adore, je l'aime et je suis fière de lui parce qu'il arrive à prouver – et c'est ce que j'essaie de faire aussi ici – que les travestis, les transsexuels, les drag-queens, ce ne sont pas des fous ni des gens contre-nature, bien au contraire. Ce sont des gens qui sont nés dans un corps qui ne leur correspondait pas et qui ont triomphé de beaucoup d'obstacles psychologiques et physiques, simplement pour pouvoir vivre en accord avec eux-mêmes.

Mes camarades m'ont applaudie, des applaudissements qui en réalité ne m'étaient pas destinés et célébraient le courage des personnes dont je parlais. J'étais touchée de les voir partager mon émotion.

Il fallait terminer la révélation officielle et remettre les meubles du salon dans leur disposition habituelle. Zelko, qui malgré ses commentaires du début pour provoquer Morgan n'éprouvait pas une once de rejet envers la communauté LGBT, était fier de savoir que j'avais ce qu'on appelait dans notre vocabulaire un « gros secret de vie ». Il se baladait en disant :

– C'est pour ça que je l'ai protégée, je savais qu'elle allait envoyer du lourd. Elle vous a atomisés avec son secret.

Même après la fin de la révélation, les habitants avaient plein de questions sur le sujet et nous avons continué à en parler pendant des heures. Je leur ai raconté à quel point les parcours transgenres étaient difficiles et semés d'embûches. Comment, dans le monde entier, des adolescentes de treize ou quatorze ans se retrouvent à la rue après leur coming out parce que leurs parents les jettent dehors. Parfois, elles sont obligées de recourir à la prostitution pour survivre et deviennent séropositives avant même d'avoir eu une chance de vivre leur vie. Certaines transsexuelles étrangères doivent alors venir en France, car fort heureusement nous sommes un pays qui offre des soins et un statut de réfugié à toute personne craignant d'être persécutée en raison de sa race, de sa religion, de sa nationalité, de son genre, de son orientation sexuelle ou de ses opinions politiques. Le rejet de la différence, notamment au sujet de l'orientation sexuelle, fait de nouvelles victimes chaque jour. Mais tout en voulant faire connaître la complexité des parcours transgenres à mes camarades, et à travers eux au public, je tenais à me concentrer sur le positif. J'ai donc conclu en soulignant qu'il y avait de l'espoir, que les mentalités évoluaient chaque jour un peu plus.

Ce soir-là, quand je suis allée faire mon interview au Confessionnal, la journaliste qui me parlait à travers les haut-parleurs m'a dit doucement :

– On a écouté ce que tu disais cet après-midi avec mes collègues et c'était très touchant, très intéressant, bravo pour ton message et ton histoire.

J'ai entendu qu'elle était sincère et je lui ai répondu à mon tour avec un grand sourire dans la voix :

– Merci, c'est pour ça que je suis venue ici et que je me bats.

Ce commentaire m'a fait croire que je retrouverais ces moments dans les quotidiennes. Malheureusement, hormis quelques secondes lors de la révélation de mon secret aux candidats, ces passages évoquant la condition transgenre et l'évolution des droits LGBT n'ont jamais été diffusés. Ni ceux de cette journée, ni ceux qui eurent lieu plusieurs fois les jours suivants. À la place, on leur préféra des scènes de disputes et des pleurs.

Un nouveau vendredi était déjà là. Quand le prime a commencé, La Voix nous attendait avec une annonce spéciale : Aurélie était toujours parmi nous et déciderait seule qui serait soumis au sas cette semaine. Il nous fut expliqué que chacun de nous devrait plaider sa cause auprès d'elle, recevoir une immunité ou une nomination, et que l'un des nominés express quitterait bel et bien l'émission à la fin de la soirée.

Marie et Geoffrey furent immédiatement immunisés. Zelko se rendit dans le sas sans me faire part de son plan, puis une fois face à Aurélie, négocia sa nomination en échange d'une immunité pour moi :

– Nomine-moi si tu veux faire sortir Juliette ou Sabrina, mais ne nomine pas Morgane.

Elle a accepté de suivre sa suggestion et le sort des personnes suivantes fut décidé ainsi : nomination pour Zelko, Sabrina et Juliette. Immunité pour moi.

Après un enchaînement d'annonces et de vidéos dans lesquelles La Voix a donné une immunité à Geoffrey pour la semaine à venir et répété que la guerre des clans battait son plein, il était temps pour les nominés d'aller dans le sas. Zelko et Juliette en sont revenus. Sabrina était éliminée.

On nous a ensuite tous réunis au salon. La Voix nous a indiqué que pour les besoins de la narration, il fallait que les membres de chaque clan soient séparés dans deux chambres différentes et y dorment tous les soirs de la semaine suivante. Une consigne à laquelle nous avons été tentés de désobéir car nous étions fatigués des histoires de clans. Aurélie, Zelko et moi nous entendions bien et n'étions pas du tout en guerre. En outre, la chambre bleue avait été abandonnée depuis que nous étions moins de dix. C'était un nid de poussière et de moisissures, dans lequel personne ne voulait retourner dormir. Mais la production était fermement décidée à nous faire jouer cette guerre des clans et à nous séparer en deux chambres différentes. En termes d'émission « non scénarisée », on a vu mieux.

Marie et Aurélie ayant décidé qu'elles ne bougeraient pas de la chambre rose, nous avons hérité de la chambre bleue. Nous nous y sommes rendues, Juliette et moi, pour faire un état des lieux. Entre les restes de nourriture oubliés dans les lits par des candidats éliminés depuis plusieurs semaines, des insectes inconnus et des boules de poussière de cinq centimètres de diamètre, elle était repoussante et il nous était impossible d'y dormir sans la nettoyer avant. Je suis allée au Confessionnal pour demander si nous pouvions exceptionnellement avoir l'aspirateur du « Sexy Ménage », en expliquant que j'étais asthmatique et que la poussière était problématique pour moi, voire dangereuse. La journaliste qui était là m'a répondu d'une voix furieuse :

– Mais pour qui tu te prends de venir demander l'aspirateur comme ça ? Tu crois que c'est toi qui décides ? Est-ce que tu vois un aspirateur dans la Maison ? Non. Alors c'est comme ça et pas autrement, vous n'avez pas d'aspirateur et c'est tout, vous n'avez pas à faire des caprices pour en avoir. Tu sors du Confessionnal, maintenant.

Mon sang bouillonnait d'indignation et d'humiliation mais je me suis exécutée. J'ai sorti un paquet de cigarettes de sous un matelas (à présent, c'était moi la voleuse sauvage) et j'en ai fumé plusieurs coup sur coup. Ce n'était pas ça qui aiderait mes poumons d'asthmatique non plus, mais au moins, dans ce cas, c'était encore moi qui décidais et non eux. Nous avons nettoyé la chambre comme nous avons pu avec de l'essuie-tout et de l'eau et nous nous sommes endormis, Zelko, Juliette et moi, dans le grand lit rond au milieu de la chambre bleue.

Douzième semaine

Commençaient donc les quarts de finale. Nous n'étions plus que six à former la tribu des habitants. Cette Maison qui avait jadis abrité dix-huit personnes semblait à la fois plus calme et plus redoutable. Le rapprochement de la ligne d'arrivée rendait l'ambiance électrique. Si on m'avait demandé à ce moment-là qui j'aimerais voir en finale, j'aurais sans hésiter donné les noms de Zelko, Juliette, Aurélie et moi.

Je n'avais rien contre Marie et Geoffrey, mais leurs mensonges étaient de plus en plus difficiles à supporter au quotidien. Geoffrey avait voulu quitter Marie, ne supportant plus ses crises d'hystérie, mais les voix du Confessionnal lui avaient dit qu'il ne pouvait pas car cela affecterait sa progression dans le jeu s'il n'était plus en couple avec elle. Rupture annulée. Ensuite, Marie avait voulu se marier en direct pour faire un buzz, mais la production avait refusé car leur couple était jugé trop peu crédible. Mariage annulé. Aurélie nous répétait tout. Elle en avait assez d'être associée à eux, mais cette semaine de clans à trois contre trois la forçait à rester à leurs côtés.

Après des votes par clan, La Voix annonça officiellement le nom des nominées de la semaine : Marie contre Juliette.

Cela voulait dire que Zelko et moi étions automatiquement qualifiés en demi-finale. C'était fou de sentir que nous étions si proches du but. Nous avions tellement lutté pour en arriver là ! Il fallait maintenir le cap et poursuivre nos efforts. Et pour remonter le moral de toutes les troupes, La Voix nous avait réservé une des plus belles surprises du jeu : c'était officiellement la semaine des familles, et chaque soir, les parents de l'un d'entre nous viendraient dîner dans la Maison. Je me suis brièvement fait la réflexion que cela expliquait peut-être les onze indices qui avaient été divulgués sur mon secret jusqu'à ce qu'il soit découvert.

Après avoir rencontré les parents de Marie et Geoffrey, qui les avaient exhortés à rester un couple soudé, nous avons rencontré le papa d'Aurélie, venu l'encourager à rester forte jusqu'à la finale. Ce fut ensuite au tour de la maman de Juliette de venir soutenir sa fille, et de nous régaler avec un poulet yassa fait maison. Et le soir suivant, j'eus l'immense bonheur de voir Brigitte et Brigitte – car ma mère s'appelle aussi Brigitte – entrer dans la Maison des secrets.

Mon père avait choisi de se prénommer Brigitte en femme bien avant de rencontrer ma mère. C'est donc une coïncidence assez drôle, et j'imagine qu'il en a ri intérieurement pendant des années. En tout cas, après son coming out, nous recevions des appels sur le téléphone fixe de la part de gens qui souhaitaient parler « à Brigitte », sans autre précision. Je leur demandais alors « laquelle ? » et ceux qui ne nous connaissaient que sous les noms de Philippe, Brigitte et Morgane étaient totalement perdus. Je savourais leur hésitation. J'attendais généralement qu'ils trouvent eux-mêmes une sortie de secours. La situation que je préférais, c'était quand je pouvais m'exclamer :

– Ah, mais vous voulez parler à Brigitte mon père, je vous la passe tout de suite.

Quand j'ai vu mes parents arriver, j'ai bondi sur les marches et l'herbe noire du jardin avant de sauter dans les bras de ma mère. Rien ne vaut le câlin d'une maman que l'on n'a pas vue depuis trois mois. J'ai ensuite enlacé mon père, déjà initié aux retrouvailles dans *Secret Story*, et j'ai eu la joie de présenter mes deux Brigitte adorées aux autres habitants de la Maison.

Pendant que nous allions vers le salon, ma mère n'arrêtait pas de taper sur l'épaule de Zelko et de lui dire qu'il était formidable. Quant à mon père, il lui parla avec un air envoûtant :

– Zelko, tu as des super pouvoirs, mais moi aussi je suis une mutante. Je viens d'Orion. Et d'ailleurs, de là où on vient tous les deux, tu sais qu'ils ne sont pas contents que tu aies révélé que tu étais un superhéros.

Zelko a immédiatement tapé dans ses mains en riant. Il a compris que mon père et lui étaient tous deux des êtres à part dans le monde, capables de transcender une réalité parfois trop étroite pour leur imagination. La conversation s'est ensuite poursuivie entre mes parents et les autres habitants, qui les écoutaient avec beaucoup de respect et de bienveillance. C'était à la fois surréaliste et réconfortant d'être en train de dîner avec mes parents dans la Maison des secrets. Avant qu'ils ne repartent, nous leur avons fait faire le tour de la Maison, comme nous le faisions pour tous les parents. Dans la salle de bains, un énorme cafard a décidé de se joindre à nous et de se glisser entre nos pieds. J'ai alors vu un mélange de stupeur et d'inquiétude dans le regard de mon père mais je lui ai dit en riant :

– Oh ne t'inquiète pas, on a l'habitude.

Nous avons ensuite raccompagné mes parents vers le sas et je les ai étouffés dans mes bras avant de les laisser repartir.

Ce soir-là, au Confessionnal, le journaliste m'a demandé ce que ça m'avait fait de voir mes parents avec les autres habitants. J'ai pris une seconde pour réfléchir, puis je lui ai expliqué :

– Quand je suis entrée dans cette Maison, je me sentais une responsabilité de venir ici avec ce secret, et j'avais un peu d'inquiétude par rapport à mon père et ma mère, sur le fait de savoir comment ma famille serait perçue. Je ne savais pas comment les autres candidats allaient réagir. Et ce soir, j'ai été soulagée parce que j'ai vu que ça se passait bien, qu'ils étaient intéressés, ouverts, et c'était vraiment beau.

J'avais eu raison de m'accrocher pour arriver aussi loin dans l'aventure. Ces moments de douceur et de compréhension mutuelle effaçaient presque les blessures que j'avais essuyées jusqu'ici. Presque, mais pas totalement. Ce qui les apaiserait réellement, ce serait d'aller en finale. Et à ce sujet, la bataille faisait toujours rage.

En plus de la guerre des clans, c'était une semaine placée sous le signe de missions secrètes prévues pour nous dresser les uns contre les autres. Zelko et Aurélie avaient reçu la mission de faire semblant de tomber amoureux l'un de l'autre. Pendant ce temps, Juliette et moi avions reçu la mission de faire des crises de jalousie à Zelko et de le blâmer pour son rapprochement avec l'ennemi. Nous l'avions fait pendant quelques jours, et plus le temps passait, plus Zelko nous délaissait pour passer sa vie dans le lit d'Aurélie. Après avoir reçu une nouvelle mission pour continuer mes crises de jalousie, je me suis fait dépasser par mon propre sentiment d'impuissance et d'abandon et je me suis mise à pleurer au milieu de la chambre rose, devant le spectacle de Zelko allongé de tout son long près d'Aurélie.

À cet instant, Zelko s'est levé et m'a prise par les épaules :

– Arrête de pleurer Morgane, on est en mission.

Il s'était alors adressé aux voix du plafond :

– On arrête la mission, l'amitié que j'ai avec Morgane vaut plus que de l'argent, que ce soit dans le jeu ou à l'extérieur du jeu.

La production était furieuse. Quant à moi, j'étais navrée de lui avoir fait rater sa mission, mais d'un autre côté, j'étais rassurée de voir ce manège infernal s'arrêter et de retrouver le vrai Zelko. Celui qui savait qui était sa réelle alliée dans cette aventure.

À deux semaines et demie de la finale, il fallait que je puise dans mes ressources profondes pour garder la tête haute et rester positive. J'étais épuisée par la pression permanente, les mensonges à répétition de la production et la saleté de notre habitat. Je me raccrochais à l'espoir de trouver le secret de la Maison : une énigme que les candidats doivent résoudre chaque année lors de l'avant-dernière semaine du jeu, et dont le gagnant est automatiquement qualifié en finale. Si j'y parvenais, je pourrais souffler un peu, forte de la certitude de ne plus pouvoir être évincée.

Et comme toujours, le vendredi soir est arrivé. C'était un prime sur le thème des sept péchés capitaux. Pour chaque péché, l'un de nous était désigné et recevait un défi ou une sanction. J'allais découvrir que dans une téléréalité, on ne résiste pas aux désirs de la production impunément. On le paie soit au niveau de notre progression dans le jeu, soit au niveau de notre image qui se fait égratigner, et parfois même les deux en même temps.

Alors que Marie, Geoffrey et Aurélie, candidats très arrangeants qui faisaient sans broncher tout ce qu'on leur demandait au Confessionnal, avaient reçu des missions leur permettant de gagner 15 000 euros chacun, Zelko avait hérité du péché d'orgueil et avait découvert en direct un montage vidéo de trois minutes le présentant comme arrogant et invivable. Comme toujours, à l'issue de ce moment, le présentateur reprend la parole et nous demande de réagir, et nous, tandis que les caméras filment nos visages en gros plan, devons répondre avec un sourire et une pirouette rhétorique pour botter en touche si nous le pouvons, sans quoi nous confirmerions les commentaires négatifs à notre sujet. Cela peut sembler facile à faire, mais peu de remarques sont aussi brûlantes que les plaisanteries acides d'un présentateur en direct, devant des millions de spectateurs. Il faut garder son calme et ne jamais contre-attaquer directement, sinon c'est encore pire les semaines suivantes.

Quand ce fut mon tour, le téléphone rouge sonna et m'annonça qu'il m'apportait une mauvaise nouvelle. Voilà qui ne changeait en rien ma relation avec lui, qui avait au moins le mérite d'être constante. J'avais rendez-vous avec le péché de la paresse, car, selon La Voix :

– Morgane, tu t'es beaucoup reposée sur Zelko pour parvenir jusqu'en demi-finale. Véritable stratégie ou simple paresse ? Ce soir, La Voix t'offre un dilemme : tu peux t'exclure de la chasse au secret de la Maison. Dans ce cas, tu permettras à Zelko d'accéder à cette chasse pour avoir sa place en finale. À l'inverse, tu peux choisir d'exclure Zelko de la chasse au secret de la Maison. Dans ce cas, c'est toi qui pourras participer et espérer remporter une place en finale.

Et c'est ainsi que l'émission place les gens dans des situations où ils ne peuvent être que perdants. Zelko et moi avions une belle amitié, dans laquelle nous nous soutenions l'un l'autre, et tout à coup j'étais une paresseuse qui me reposais sur lui. C'était comme si le téléphone rouge s'amusait à me dire : « Ah, tu penses que tu vas sauver ton honneur et ressortir d'ici drapée dans tes nobles principes ? Eh bien ce soir, tu dois choisir à qui tirer une balle dans le pied : ton meilleur ami ou toi-même, et nous verrons alors jusqu'où va ta grandeur d'âme. »

Mais quel genre de message cela renvoie-t-il pour les spectateurs ? Si je me sacrifie pour préserver mon ami, le fin mot de l'histoire sera que je suis une paresseuse car je ne suis pas prête à tout pour gagner, et si, à l'inverse, je le trahis, la conclusion sera qu'il est acceptable de planter des couteaux dans le dos de ses amis lorsque notre avancement personnel est menacé. Il y a des enfants de dix ans qui regardent l'émission. Personne ne gagne dans cette situation, ni eux, ni le public en général, ni les candidats.

Le présentateur a repris la parole :

– Alors, Morgane va-t-elle passer la seconde ou rester une paresseuse ? On se connecte avec la Maison.

J'ai saisi le combiné en disant que, premièrement, je n'étais pas une paresseuse, que je m'étais battue pour arriver jusqu'ici et que tout le monde le savait. Et ensuite, puisqu'il fallait que je donne une réponse à ce dilemme de l'enfer, je l'ai donnée :

– Je vais faire un choix qui va me coûter très cher car j'aurais adoré participer au secret de la Maison, mais je n'oublie pas mon amitié avec Zarko et Zelko pour autant, et je ne peux pas faire ça. Je préfère m'exclure.

Alors que je terminais ma phrase, j'ai entendu Zelko me crier de ne pas faire ça et de le sacrifier lui. Mais c'était trop tard et je n'aurais pas changé ma décision même avec sa bénédiction. Au nom de toute mon éducation et du public qui regardait l'émission, je n'allais pas donner ce type d'exemple.

Quelques instants plus tard, Marie et Juliette se sont rendues dans le sas et c'est Marie qui en est revenue, éliminant ainsi Juliette de l'aventure.

C'est à ce moment que Zelko et moi avons compris que quelque chose n'allait pas dans ce qui était montré au public. Par rapport à ce que nous savions de Marie et de son comportement depuis le début du jeu, il était impossible que le public l'encourage sans qu'il y ait eu de lourdes mystifications au montage. Qui soutiendrait une femme prête à inventer que son père est mourant ou qu'elle a subi des violences conjugales, simplement pour faire pitié aux autres joueurs et éviter une nomination ? Zelko était choqué et il a prononcé une phrase qu'on peut entendre clairement quand on regarde le replay du prime :

– C'est quoi, les images qu'ils ont diffusées ?

Entre le départ de Juliette et le dilemme que j'avais reçu, c'était une soirée écœurante. Je me suis rendue au Confessionnal. Rémi était là et m'a répondu froidement :

– Tu crois que c'est malin, ce que tu as fait ce soir ? Tu te rends compte que le public va penser que tu es une joueuse complètement nulle ?

– Tout ce qui compte pour moi, c'est ma famille, et j'espère qu'ils ont compris pourquoi j'avais fait ce choix.

– Non, ils ne comprennent pas. Personne ne te comprend, Morgane, tu es dans un jeu et tu ne veux pas jouer.

En fait, j'aurais volontiers joué le jeu à fond si on m'avait permis d'y faire passer des valeurs positives. Ce qui n'était pas le cas. Il essayait de me dégoûter de ma bonne action, mais je restai droite dans mes bottes. Avec le recul, je me dis que la production a dû me trouver incroyablement chiante et obstinée pendant toute la saison, et je suis ravie de l'avoir été. J'ai tenté une dernière fois de communiquer avec Rémi, de ma planète à la sienne :

– Je leur expliquerai quand je sortirai, mais pour moi ça ne sert à rien de gagner un jeu si j'ai perdu mon âme en y jouant.

– Ah ! Donc tu ne veux pas aller en finale ?

– Bien sûr que si, j'ai envie d'y aller, mais pas comme ça.

– Tu n'as vraiment rien compris.

Ce cauchemardesque vendredi soir n'en finissait pas. Il n'y avait rien d'autre à faire que de s'avouer vaincue pour la soirée, dans ce monde où l'altruisme et la solidarité sont dévalorisés et traités comme des actes ridicules.

J'ai tiré frénétiquement sur plusieurs cigarettes après avoir fumé absolument tous les jours de la semaine. Je n'en étais plus à faire attention à ma santé, j'essayais de calmer mes nerfs. Je me raccrochais à une seule idée : c'était la dernière ligne droite et il ne restait qu'une élimination avant la finale. J'avais survécu à douze primes sur douze, il n'en restait qu'un à franchir. Je me disais que je pouvais y arriver, qu'il y aurait bien des gens dans le public qui partageraient mes valeurs et me soutiendraient en votant pour moi. J'avais constaté des irrégularités lors de certaines éliminations hebdomadaires, mais je me disais que cela ne pourrait plus avoir lieu maintenant que nous arrivions au stade de la demi-finale. Les enjeux financiers devenaient trop importants pour qu'il y ait des interférences. Je voulais croire qu'en cette ultime phase de sélection, c'était le public seul qui déciderait.

Treizième semaine

Le treize est un chiffre qui donne tout ou reprend tout. Je le connais bien, étant née un vendredi treize. Je n'ai pas peur de lui, il m'a donné la vie, mais je sais qu'il peut être implacable. Je me demandais s'il me porterait chance une fois de plus en cette treizième semaine.

C'était l'avant-dernière semaine de jeu. Tous les regards étaient braqués sur la demi-finale du vendredi et, avant cela, sur l'énigme du secret de la Maison, dont la résolution propulserait l'un d'entre nous en finale. L'un d'entre nous sauf moi, vu que je m'étais exclue de la course.

Pendant que les autres cherchaient à déchiffrer le code donnant accès à l'énigme (La Voix m'avait interdit d'aider Zelko), j'avais compris comment trouver la réponse et je l'avais donnée au Confessionnal. La Voix m'avait alors demandé si je regrettais de m'être sacrifiée pour Zelko. J'ai répondu que ce que je regrettais, c'était de ne pas avoir pu participer à cause d'un dilemme auquel personne n'avait été confronté à part moi.

Durant la semaine, Aurélie et Marie me parlaient le moins possible. Elles souhaitaient m'isoler pour que mon temps d'image soit réduit au strict minimum. Ce sont les interactions qui sont filmées et diffusées. Un candidat esseulé est mort du point de vue de la narration, et après treize semaines de jeu, nous le savions très bien.

La résolution du secret de la Maison se déroulait sur plusieurs jours. En raison de ces circonstances particulières, la production avait laissé des feuilles et stylos à disposition de tous dans le salon. J'avais pris le parti d'écrire et jouer des petits spectacles avec une peluche que nous avions reçue lors d'une soirée. Cela m'occupait pendant que mes camarades se trouvaient dans la salle des Totems, devenue la salle du Secret de la Maison, et dans laquelle je n'avais pas le droit de rester. J'appelais cela le *Mogow Show* et les autres habitants aimaient bien mais Rémi m'avait fait venir au Confessionnal et m'avait dit d'arrêter. Selon lui, j'étais tellement ridicule que pour mon propre bien, il valait mieux que je ne recommence jamais. J'ai cessé le *Mogow Show*.

Ce fut finalement Marie qui trouva le secret de la Maison et qui eut l'occasion de l'offrir à Aurélie par l'intermédiaire de La Voix.

Le vendredi est arrivé. Nous sommes tous passés au Confessionnal pour faire nos interviews de demi-finalistes. J'ai senti une ambiance assez étrange pendant la mienne, avec des questions comme : « Quel bilan tires-tu de l'aventure ? », « Que penses-tu faire à l'extérieur ? », « Qu'as-tu à dire de l'émission ? Vois-tu des points à améliorer ? » J'avais l'impression qu'on me testait sur mes futures réactions une fois hors de la Maison, et surtout sur ma capacité à dénoncer les dérives du programme. J'en avais vu assez pour être en mesure de le faire. Mais à quelques heures du prime, je n'allais pas commettre l'erreur de dévoiler l'ampleur de ce que j'avais compris ni combien je le déplorais. J'ai répondu en souriant qu'il y avait des efforts à faire sur l'hygiène, la qualité de la nourriture et l'accès aux soins, puis j'ai continué en disant que cette aventure m'avait fait changer. Que je m'étais sentie grandir et que j'étais devenue une femme plus forte et plus extravertie, ce qui était vrai aussi. Je leur ai également indiqué que je trouvais leurs questions bizarres et que ce n'était sûrement pas bon signe pour moi, en plaisantant. Le journaliste a répliqué, penaud :

– Non non non non, on pose les mêmes questions à tout le monde.

J'ai demandé plus tard à Zelko s'il avait eu les mêmes questions mais il m'a répondu que non, avant qu'une voix du plafond n'intervienne et me dise pour la millième fois que « Ce qui se passe au Confessionnal, reste au Confessionnal. »

Zelko est venu me voir dans l'après-midi :

– Peu importe ce qui se passe ce soir, promets-moi de rester forte, de ne pas pleurer, même si tu sors.

– D'accord. Mais en retour, promets-moi que si je sors ce soir, tu vas garder ton calme, tu ne vas pas t'énerver et tu vas montrer le bon Zelko jusqu'à la finale.

Il a acquiescé et nous nous sommes préparés pour le prime tout en faisant nos valises.

La soirée a commencé dans une atmosphère de célébration. Benjamin Castaldi nous a félicités pour notre parcours. Puis le moment fatidique est arrivé. Il était temps de nous rendre dans le sas et de savoir qui accéderait à cette finale tant espérée. J'avais 60 000 euros dans ma cagnotte, mais je m'étais toujours dit que jusqu'à la dernière seconde, jusqu'à ce que je sois sûre d'être en finale, je considérerais cet argent comme fictif. Zelko, Marie, Geoffrey et moi nous sommes alignés devant les murs violets à pois blancs. Zelko et Marie sont revenus dans la Maison en premier. Il ne restait plus que Geoffrey et moi, et nous nous sommes pris par la main dans l'attente de l'annonce finale :

– Le dernier à retourner dans la Maison et à se qualifier pour la finale c'est… Geoffrey ! Morgane, vous quittez l'aventure.

J'ai reçu l'information comme un choc mais j'ai souri et je me suis tournée vers Geoffrey pour l'enlacer. Je ne lui en voulais pas car je me disais que c'était le résultat des votes et si c'était ce que le public avait décidé, je l'acceptais sans problème. C'était le jeu. J'étais même curieusement gaie. J'allais enfin revenir à l'extérieur et retrouver mes proches, ma liberté et l'une de mes grandes passions : Internet !

Geoffrey est retourné dans la Maison et la porte du sas s'est refermée avant que j'aie pu dire au revoir à Zelko. Je me suis retrouvée seule à l'intérieur et Benjamin Castaldi s'est adressé à moi pour me dire qu'il m'attendait sur le plateau. J'ai fait un demi-tour sur moi-même et me suis placée face à la porte de la sortie, que quelqu'un m'a ouverte depuis l'extérieur. J'étais si heureuse de voir une nouvelle personne. Je lui ai fait un grand sourire et je lui ai dit :

– Bonsoir, comment ça va ?

Mais elle m'a répondu un faible « oui » avant de baisser les yeux vers le sol, n'osant pas me regarder. J'ai insisté :

– Vous êtes sûre que ça va ?

Et, tout en continuant à fixer ses chaussures, elle m'a répondu :

– Oui, la voiture pour vous rendre sur le plateau vous attend en bas des marches.

Il faut savoir que lorsqu'on sort du jeu, on se rend sur le plateau pour participer à la dernière partie de l'émission.

Puis on a un genre de briefing de sortie avec des papiers à signer et un agent de sécurité vient nous rendre les effets personnels qui sont restés dans la caisse en plastique depuis l'isolement. Cet agent de sécurité est un garde du corps qui nous est attitré pendant vingt-quatre heures. Il est chargé de nous transporter après le prime, car il est plus de minuit lorsque l'émission se termine. Et la production réserve systématiquement une chambre d'hôtel pour le candidat sortant. Ceux qui habitent en région parisienne ont le choix entre rentrer chez eux et passer la nuit à l'hôtel, tandis que ceux qui ne sont pas de Paris dorment à l'hôtel et reçoivent un billet de train ou d'avion pour rentrer chez eux le lendemain. Je pensais que la voiture en bas serait celle qui me conduirait chez moi ensuite, mais elle était seulement là pour m'emmener sur le plateau situé à quelques minutes. Et la personne qui la conduisait n'était pas là par hasard.

J'ai descendu l'escalier métallique qui menait vers la chaussée et je suis entrée dans la voiture en chantant un joyeux « Bonsoiiir » au conducteur en costume. C'était un agent de sécurité que je ne connaissais pas. La voiture a démarré et il a plaisanté :

– Dis donc, tu as l'air en forme pour quelqu'un qui vient de se faire éliminer.

– Oui ça va, je le vis bien, je vais retrouver mon chat.

Je riais de bon cœur avec lui. J'étais contente d'être dans une voiture. Après treize semaines dans la Maison, cela avait un goût d'exotisme. Il a ajusté le rétroviseur pour pouvoir me regarder et sa voix est devenue plus sérieuse :

– Morgane, tu te souviens de Kathia, ta nounou pendant l'isolement ? Je suis son petit ami. Elle est désolée car elle ne pouvait pas être là ce soir.

– Bien sûr que je me souviens de Kathia ! Ce n'est pas grave, elle ne pouvait pas savoir que j'allais partir aujourd'hui.

– Ah… si. Depuis mercredi on sait que c'est toi qui sors et on est dégoûtés, mais on s'est arrangés pour que ce soit moi qui te récupère en voiture et qui te conduise jusqu'au plateau.

– Comment ça, depuis mercredi vous savez que c'est moi qui sors ?

Il a jeté un nouveau regard dans le rétroviseur avant de poursuivre :

– Ben… En fait, il ne faut pas le dire mais… dès que les nominations sont faites le mardi, nous, on a une feuille de route avec le nom du candidat qui va sortir le vendredi, son adresse et son billet de train ou d'avion pour rentrer chez lui s'il n'est pas de Paris.

– Ah bon vraiment ? Et vous n'avez qu'un seul nom à chaque fois ?

– Oui.

J'ai senti une pointe de dégoût en même temps que j'ai éclaté de rire. Je ne m'attendais pas à ce que la production méprise autant les votes du public, mais je dois avouer que ça ne me surprenait pas non plus. J'avais espéré que ce ne soit pas le cas, mais je savais bien à présent de quoi ils étaient capables.

Nous étions déjà arrivés devant le studio avec le plateau et le public. Un assistant de production est venu m'ouvrir la portière. J'ai demandé au conducteur s'il serait mon agent de sécurité attitré mais il m'a indiqué qu'il était seulement chargé du transfert qui venait d'avoir lieu. Je suis sortie et l'assistant a confirmé ma présence dans son talkie-walkie, tout en m'escortant jusqu'à la plateforme qui allait s'élever et me faire arriver sur le plateau. Une maquilleuse est arrivée en courant pour me poudrer en vitesse et j'ai entendu le présentateur s'exclamer :

– Merci de faire un triomphe à Morgane !

Le refrain de la chanson *I Wanna Go* de Britney Spears a retenti. Deux canons ont projeté de la fumée et la plateforme s'est élevée vers le plateau, comme elle l'avait fait le tout premier soir. Je suis arrivée en haut d'un escalier dans une explosion de projecteurs et d'applaudissements en rythme. Une fois en haut, j'ai pu voir un immense plateau télé en croix, ainsi que du public des quatre côtés de la croix. Je me trouvais à l'extrémité d'une branche et en bas des marches, j'ai vu avec bonheur que des têtes connues et souriantes m'attendaient. J'ai dévalé l'escalier et j'ai embrassé Zarko, Juliette, Sabrina et Morgan. C'était si bon de les revoir. Et, juste derrière eux se trouvaient Brigitte ma mère et Brigitte mon père. Je me suis élancée vers mon père, qui s'était placé légèrement derrière la troupe, comme pour nous réserver un moment spécial, et m'attendait avec un regard fier. Je suis me suis jetée vers l'avant pour atterrir dans ses bras. À la seconde où nous nous sommes enlacés, j'ai entendu le public nous acclamer. J'étais revenue dans le monde réel.

Ensuite, je me suis mise à danser et à saluer le public. Je faisais la fête. On aurait dit que je revenais de trois mois en Ouzbékistan.

Benjamin Castaldi m'a invitée à le rejoindre pour une interview-bilan sur mon aventure en compagnie d'Adrien Lemaître, qui faisait ses débuts de présentateur. Après quelques vidéos et un appel aux candidatures pour la saison 6 de *Secret Story*, le prime s'est terminé.

Rémi m'a demandé de l'accompagner dans un bureau en compagnie de la psychologue. Elle m'a regardée très sérieusement et m'a dit :

– Alors, tu es pressée de revoir John ?

Ah, la conception de ce qui importe selon Endemol. Il est vrai qu'après trois mois devant des caméras, coupée du monde extérieur, après avoir perdu la notion du temps, la moitié de mes mots ainsi que le souvenir de mon code d'immeuble et de mon numéro de téléphone, la priorité était sûrement de me demander si j'avais pensé à mon amourette de jeu. J'aurais aimé qu'on me parle de la médiatisation. Qu'on me prépare au fait de devenir publiquement visible du jour au lendemain. Qu'on me dise que la célébrité est une corbeille de fruits délicieux et de serpents à paillettes. Qu'il y aurait des moments où j'aurais le sentiment de ne plus exister si les médias ne parlent plus de moi. Que ça ferait mal comme si j'avais tout eu puis tout perdu, mais que tout ça n'aurait rien à voir avec ma valeur en tant que personne et qu'il y aurait des jours meilleurs. Ça aurait pu être utile de me le dire, mais non, on voulait savoir si j'allais revoir John.

Mon garde du corps attitré est entré dans la pièce avec la caisse en plastique. Je ne l'avais jamais vu jusqu'ici. Il m'a tendu mon sac à main et j'ai retrouvé avec bonheur tous les objets qui symbolisaient mon indépendance : mon téléphone portable, mon portefeuille, ma montre et mes clés. J'avais l'impression d'être James Bond recevant ses super gadgets.

Après un rapide passage au Duplex, une boîte de nuit située sur les Champs-Élysées où d'anciens candidats se réunissaient chaque vendredi, l'agent de sécurité m'a demandé si je préférais dormir chez moi ou à l'hôtel. Entre l'appartement du douzième arrondissement et le Ritz, j'ai choisi de dormir chez moi. J'aurais choisi le Ritz n'importe quel autre jour de l'année, mais pas cette nuit-là où je mourais d'impatience de retrouver mon environnement, mes affaires et mon intimité. Ma mère m'a convaincue de dormir avec elle plutôt que seule dans mon lit. Elle répétait qu'elle ne me quitterait pas. Elle était même venue avec moi au Duplex pour que je n'y sois pas livrée à moi-même. Est-ce qu'elle pensait au suicide de François-Xavier ? Ou était-ce l'intuition que je venais de vivre une expérience déstabilisante qui la rendait si protectrice ? Je n'avais pas encore eu le temps de lui raconter le quart du dixième de toute mon aventure, mais l'instinct maternel n'a pas toujours besoin de mots. Elle ne voulait courir aucun risque.

Une fois allongées dans le lit toutes les deux, je ne pouvais cesser de parler. J'avais des moments qui revenaient par flashs. Des situations, des pensées, des bribes de conversations que je voulais partager avec elle. Entre autres, je lui ai demandé fièrement si elle avait vu toutes mes missions crises de jalousie et comme je les avais bien jouées. Elle m'a dit qu'elle avait vu les crises mais que personne n'avait précisé que j'étais en mission, sauf pour l'une d'elles en fin de semaine. Cela avait été diffusé comme mon propre comportement. Je me suis redressée, droite comme un I sur le matelas.

J'ai commencé à faire la liste d'autres choses qui s'étaient passées pour vérifier ce qui en était ressorti après montage : « Vous avez vu la mission séduction au début ? » Non. « Ils ont montré le débat en faveur du mariage gay ? » Signe de tête négatif. « Ils ont montré tout ce que j'avais dit sur papa et la vie des personnes transgenres après la révélation de mon secret ? » Toujours pas. Ma mère avait le regard de quelqu'un qui est navré d'annoncer une horrible nouvelle et plus je comprenais ce qui n'avait pas été diffusé, ou ce qui l'avait été de façon trompeuse, plus je sentais l'indignation monter, jusqu'à ce que j'explose en larmes et que je lui demande :

– Mais comment ils ont pu faire ça ? La Voix nous donnait des missions spéciales, comment on pouvait savoir que ce ne serait pas diffusé comme tel ?

Je me sentais trahie. Beaucoup plus pour ça que pour le non-respect des votes. Je n'avais pas encore regardé une seule minute des treize semaines d'émission qui m'attendaient et j'étais déjà dépitée. S'ils n'avaient pas montré nos débats sur les sujets de société, qui étaient à mes yeux les passages les plus importants, alors qu'est-ce qu'ils avaient montré et surtout, avec quel degré de vérité ?

Quatorzième semaine

Ma première nuit hors de la Maison fut très étrange. Je me suis réveillée plusieurs fois en me demandant où j'étais et en cherchant les autres du regard. Je me sentais perdue, déracinée. Je me suis réveillée tard. Toute la journée, j'ai eu le réflexe de tâter mes vêtements et de chercher mon micro. J'étais déphasée et surtout, je me sentais atrocement coupée des autres candidats. Je ne faisais que penser à Zelko et à Aurélie, avec qui je venais de vivre pendant quatre-vingt-onze jours et dont j'avais été séparée en quelques secondes.

Quand l'heure de la quotidienne est arrivée, je me suis jetée sur la télécommande et me suis mise devant la télé avec excitation. J'allais pouvoir regarder *Secret Story* 5 et avoir des nouvelles de mes amis. Le début de l'émission retraçait la journée de la veille, je me trouvais encore dans la Maison. Dès les premières minutes, j'ai remarqué un gros décalage entre la narration de cette journée et ce qui s'était réellement passé, dont je me souvenais très bien puisque j'y étais et que c'était la veille. Le montage de cette quotidienne était incompréhensible pour moi. J'ai éteint la télé.

En trois jours, j'ai gagné trente mille followers sur Twitter. Mon téléphone ne cessait de sonner et l'on m'invitait pour des interviews dans divers médias. C'était le début d'un mini marathon durant lequel j'ai participé à des émissions de radio et des plateaux télévisés en tant que demi-finaliste de *Secret Story*. J'ai suivi le circuit classique des candidats sortants qu'Endemol m'avait recommandé : le *Mad Mag* sur NRJ 12 présenté par Matthieu Delormeau et l'émission de Jean-Marc Morandini présentée par l'animateur du même nom et Cécile de Ménibus. J'ai vite compris le principe : on est invité, les chroniqueurs nous font de grands sourires tout en nous envoyant des piques préparées à l'avance, parce qu'on est candidats de téléréalité, qu'on n'a apparemment pas le droit au respect et qu'ils pensent valoir mieux que nous dans la hiérarchie des gens de la télévision. Ils se disent qu'eux n'ont pas eu la bassesse de vivre filmés vingt-quatre heures sur vingt-quatre et de se donner en spectacle. Mais ils veulent tout de même nous inviter et profiter de notre célébrité éphémère pour faire de l'audience. Ils voient naître et mourir les starlettes de saison en saison. Ils savent que notre durée de vie médiatique est limitée et que la machine va nous recracher rapidement. Ils pensent que ça ne va jamais leur arriver et que c'est le traitement qu'on ne réserve qu'aux idiots comme nous.

Quand on reçoit des remarques passives-agressives en plateau, il faut garder le sourire et ne pas s'énerver, sinon il suffit d'un geste du chauffeur de salle pour qu'on se fasse huer par le public. Les plateaux de télévision sont comme des arènes dans lesquelles il faut apprendre l'art de la pirouette verbale élégante. C'est difficile au début, mais ensuite, c'est amusant.

Plus tard dans leur vie, les présentateurs de ces émissions se font virer et sont écartés de leurs chaînes de télévision du jour au lendemain. Quand ils ont fini de rapporter de l'argent et d'être utiles, le système les recrache également et ils comprennent que nous sommes en réalité tous les maillons d'une chaîne alimentaire sans merci. Ils découvrent qu'eux aussi peuvent mourir médiatiquement. Alors, tout comme certains candidats de téléréalité, ils sont prêts à rejoindre n'importe quelle émission pour rester visibles. Mieux vaut cela que disparaître.

Je me demandais si les gens allaient vraiment me reconnaître dans la rue, et oui, on me reconnaissait vraiment. C'est là que j'ai réalisé la force de frappe d'un programme comme *Secret Story*, diffusé sur la première chaîne de France à raison de six quotidiennes par semaine et d'un prime time hebdomadaire pendant plus de trois mois. Les gens connaissaient mon visage et mon nom. Certains avaient même l'impression d'avoir vécu avec nous dans la Maison et me disaient sur le ton de la confidence :

– Hey, ne sois pas trop jalouse avec Zelko.

J'avais envie de leur décrire l'envers du décor mais je me calmais à l'idée de devoir payer 15 000 euros d'amende pour la moindre information divulguée. Je faisais cependant des exceptions pour les jeunes qui venaient me voir en me disant qu'ils rêvaient de faire de la téléréalité. Je ne leur parlais pas des tentatives de suicide et des dépressions, mais je leur précisais que ce n'était pas un long fleuve tranquille. Même pour ces petites indications, je risquais de me faire épingler.

Je l'ai bien compris quand j'ai tourné la vidéo de soutien à Zelko pour la finale, en compagnie de Zarko, dans un gymnase du Val-d'Oise. Alors que j'enfilais un tee-shirt « Super Zelko » dans les vestiaires, un petit garçon de dix ans est venu me dire qu'il adorait *Secret Story* et me demander comment c'était en vrai. Je me suis accroupie et je lui ai dit en souriant :

– Tu sais, c'est plus difficile qu'on ne l'imagine. On n'a pas l'heure, pas Internet…

J'ai alors entendu quelqu'un dans mon dos me dire :

– Chut chut Morgane.

Je me suis retournée, et j'ai vu qu'un des journalistes d'Endemol, envoyé pour le tournage de la vidéo, était là. Il a continué :

– Tu as signé des contrats, non ?

Je l'ai regardé, incrédule, en me disant que c'était dingue que même ici, dans un vestiaire du fin fond du 95, il y ait des journalistes pour me reprendre. Ils avaient vraiment des yeux et des oreilles partout. Je n'avais toujours pas envie de payer les 15 000 euros d'amende pour rupture de la clause de confidentialité, alors j'ai vite dédramatisé en soulignant que je n'avais pas révélé grand-chose et que les anciens candidats avaient déjà parlé des conditions de vie. Il m'a répondu que c'était trop et que je ne devais rien divulguer au grand public. Alors j'ai appris à rester discrète sur les détails des coulisses et à faire attention à ce que je disais.

Comme il ne restait que quatre personnes dans la Maison, Endemol a décidé de réinjecter ponctuellement des anciens candidats pour l'animer. J'y suis donc retournée pour y passer la nuit du mercredi au jeudi. Sitôt sortie de *Secret Story*, sitôt revenue. Quand la porte du sas s'est ouverte, j'ai couru vers Zelko qui m'attendait dans le jardin et j'ai sauté dans ses bras. Ensuite, je lui ai fièrement montré que je portais le tee-shirt à son effigie et je lui en ai donné un exemplaire que Zarko m'avait transmis pour lui.

Les autres candidats avaient une montagne de questions à me poser sur l'extérieur. Et moi, bien entendu, je ne pouvais rien dire du tout car il ne fallait pas les sortir du jeu mentalement.

J'ai pourtant été obligée de franchir cette ligne quand Marie m'a demandé si je pensais qu'elle était une bonne personne et si elle s'en sortirait à l'extérieur. Je savais pourquoi elle me demandait ça. Elle avait fait plusieurs crises d'hystérie, elle s'était tapé la tête contre les murs, elle avait voulu dormir par terre en position fœtale… Si quelqu'un avait des raisons de craindre l'extérieur, c'était elle. Sachant ce qui était arrivé à FX, je ne pouvais pas lui donner une réponse hypocrite et lui dire : « Mais oui, ne t'inquiète pas, tout ira bien dehors. » J'ai commencé par lui dire qu'il fallait qu'elle se prépare, et que quoi qu'elle apprenne au sujet d'anciens candidats en sortant, il ne faudrait pas qu'elle se laisse déstabiliser. Les voix du plafond sont intervenues :

– Morgane, tu ne dois pas parler de l'extérieur et encore moins de cette façon.

– Je suis en train de lui dire quelque chose d'important.

– Tu connais les règles. Tu arrêtes.

Et qu'allaient-ils faire pour me punir, m'éliminer ?

– Non je n'arrêterai pas parce que moi, j'ai un cœur. Ce que vous faites est dangereux. Il y a des candidats qui ne s'en remettent jamais et vous savez très bien de quoi je parle.

– Morgane, tu cesses immédiatement.

Mais je ne me suis pas laissée démonter :

– Vous voulez que je vienne au Confessionnal, là maintenant, et qu'on s'explique ?

Puis après un silence, probablement le temps de poser une question et d'avoir une réponse :

– Non, ça va aller.

Et les voix se sont tues. J'aurais bien aimé les voir essayer de se justifier sur ce sujet, mais elles voulaient l'éviter à tout prix, même à huis clos avec moi dans le Confessionnal. D'autant plus qu'un autre candidat de ma saison avait également tenté de se suicider dans les loges pendant un prime. Les gens de la production étaient dépassés par le nombre de personnes qu'ils avaient détruites au point de vouloir en finir avec la vie et ne voulaient surtout pas être confrontés sur ce sujet. J'ai terminé ma discussion avec Marie sans lui révéler le suicide de François-Xavier, mais en lui faisant comprendre qu'il faudrait qu'elle se blinde pour l'extérieur.

Le lendemain, j'ai fait ma valise, je suis sortie de la Maison vers midi et je l'ai réintégrée le soir même pour la Soirée des anciens où tous les candidats de la saison avaient été invités à revenir pour une ultime fête dans la Maison. Alors que nous attendions dans les loges, on m'a fait savoir que Rémi souhaitait me parler. Quand je suis entrée dans sa loge, il m'a fait son plus grand sourire et m'a demandé :

– Alors, comment ça se passe la sortie, c'est génial ?

Je crois qu'il n'imaginait pas à quel point j'avais pris conscience de l'ampleur de leurs mensonges et du mépris qu'ils avaient pour le public. Entre-temps, j'avais visionné d'autres quotidiennes des semaines passées et j'avais constaté que la plupart des scènes ayant résisté à la tronçonneuse du montage étaient ridicules par rapport à tous les moments que nous avions créés et vécus dans cette Maison.

– Comment ça se passe ? Je ne sais pas, Rémi, je n'ai pas l'impression d'avoir fait la même émission que celle que je vois à la télé. Pourquoi vous n'avez pas montré tous les trucs bien qu'on a faits ? Qu'on a dits ? Les conversations sur le mariage gay, sur Socrate, sur le don d'organe ?

Il a joint ses deux mains et s'est légèrement penché vers moi, comme pour me révéler un secret :

– Morgane, ce n'est pas avec des bons sentiments qu'on fait une émission qui marche. Vos débats et vos conversations spirituelles, c'est peut-être très intéressant, mais le public, il s'en fiche. La ménagère de moins de cinquante ans, ce qu'elle veut, ce sont des couples et des clashs, c'est tout.

C'était vain, mais j'ai quand même répondu que ce n'était pas à lui de décider à la place de la ménagère ce qui l'intéressait ou non.

Il était super décontracté au début et puis il a commencé à ne pas être à l'aise. Il a senti qu'il venait d'avouer beaucoup de ses mauvaises intentions en peu de phrases. À partir de là il ne pourrait plus prétendre que c'était une perception subjective de ma part, que j'étais trop affectée personnellement. Fini, par-dessus tout, leurs excuses favorites comme : « Ce n'est pas nous, c'est TF1. Ce sont eux qui fixent les règles » ou : « On ne peut pas tout montrer mais on essaie de rester objectifs. »

La production nous renvoyait souvent dans le futur : « Regarde les images et tu verras », « Je vais te montrer une lettre qui dit ça », « Fais confiance au jeu ». Ils comptent sur le fait que nous allons oublier. Dans tous les cas, ça leur fait gagner du temps. Une promesse sur l'avenir, quand on n'est pas encore las de tous leurs mensonges, ça paraît jouable. On se dit *OK, j'attends de voir*.

Et puis, on apprend. Quand on s'est fait avoir quelques fois déjà et qu'on leur dit : « OK faites voir la lettre », « Non ça fait dix fois que vous avantagez les mêmes » ou : « J'ai vu les images et elles ne correspondent pas à ce qui s'est passé », alors ils avouent une petite partie de la vérité. Celle qu'ils font semblant de révéler parce qu'elle est devenue trop visible. Et à ce moment-là, Rémi venait d'avouer que, contrairement à ce qu'il avait prétendu au début, son but n'était pas de faire une émission pour permettre à des jeunes de partager des messages positifs.

Le soir de la grande finale est arrivé. Lorsque vint le moment d'annoncer qui avait gagné les 150 000 euros, Benjamin Castaldi a désigné Marie. Sans aucune concertation, nous avons tous couru vers Zelko pour l'encercler et lui dire que pour nous, c'était lui le vrai gagnant. Ce n'était pas contre Marie, mais il y avait eu un immense déséquilibre dans le jeu. Il y eut des confettis, quelques images de clôture, un dernier applaudissement et les projecteurs du plateau de *Secret Story* 5 s'éteignirent pour la dernière fois, après quatorze semaines de programme. Quatre-vingt-dix-huit jours qui me paraissaient avoir duré un an et demi tant ma vie avait changé durant ce laps de temps. J'étais entrée dans cette Maison en tant qu'anonyme, j'en étais ressortie treize semaines plus tard avec un nom et un visage que les gens reconnaissaient.

J'avais quatre à six mois pour transformer l'essai et capitaliser sur ma visibilité en me faisant une place dans une autre émission. C'est alors que j'ai découvert les paparazzades, les bookings en boîtes de nuit et les nombreux business parallèles à la téléréalité, qui constituent un monde aussi lucratif et enivrant que perturbant et dangereux.

La mafia du show-business

J'ai rapidement compris que le milieu de la téléréalité fonctionnait comme une mafia, avec des systèmes de clans, des trafics, de l'argent au black, etc.

Tout d'abord, il y a eu les bookings en boîte de nuit. Certains clubs paient les candidats de téléréalité entre 500 euros et 2 000 euros la soirée pour venir y danser, signer des autographes et faire des selfies avec les clients, le tout de minuit à cinq heures du matin. Cette industrie est régie par des bookeurs, qui se chargent de faire le lien entre les patrons de boîtes et les candidats, moyennant une commission sur chaque soirée.

Ces sommes représentent beaucoup d'argent et sont payées au black sous forme d'enveloppes remplies de billets qu'on nous remet en fin de soirée. Au début, je me suis dit que c'était plutôt un bon plan et j'ai commencé à faire des bookings. Les autres candidats, qui avaient eu le temps d'en faire avant moi, m'ont mise en garde sur les dérives de ces jobs nocturnes. Au début de la soirée, on nous place à une table VIP et on nous envoie des bouteilles gratuites. Jusqu'ici tout va bien. Ensuite, il n'est pas rare que des drogues dures nous soient également proposées, comme un cadeau de la maison. Si l'on y touche, il y a généralement un photographe qui nous mitraille ou quelqu'un qui nous filme avec un téléphone pour revendre ces images. Autre variante, les escorts qui travaillent en duo avec des paparazzis. Elles draguent des candidats fraîchement sortis de leur émission et les attirent dans les toilettes en faisant semblant de fermer la porte. Le paparazzi attend un peu, puis ouvre la porte brusquement et immortalise ce moment. C'est arrivé à un candidat que je connais, qui a réussi à faire supprimer les photos.

J'ai fait en tout cinq bookings avant d'être dégoûtée de l'ambiance qui règne dans ces soirées. J'y ai gagné environ 3 000 euros. J'ai continué à sortir en boîte avec les autres candidats, de façon récréative, jusqu'au soir où quelqu'un a mis du GHB dans mon verre et celui de Morgan, sans que je sache vraiment pourquoi. C'était une soirée avec des candidats de plusieurs émissions de téléréalité et plusieurs anciens de *Secret Story*. Je me suis servi un unique verre de vodka-pomme, que j'ai laissé sous la surveillance de deux personnes le temps d'aller aux toilettes, et dont j'ai bu la seconde moitié en revenant. La première personne était le meilleur ami d'un candidat de ma saison, la seconde était un manager crapuleux (je ne pensais pas à ce point-là) avec lequel je m'étais vaguement brouillée. Il avait voulu me faire écrire un article gratuitement pour le magazine d'un de ses amis, j'avais décliné et il n'avait pas apprécié. Je ne m'étais pas montrée hautaine, juste ferme sur le fait que tout travail méritait salaire, mais il avait estimé que c'était insultant envers lui. Mes soupçons penchent plus facilement vers l'une de ces deux personnes que vers l'autre, bien que je n'aie aucune certitude. Ce que je sais en revanche, c'est que j'ai fini ma vodka-pomme et qu'après ça, je n'ai presque aucun souvenir de ma soirée. J'ai des flashs, des bribes de conversations, mais il y a des trous. Je revois deux candidats de ma saison me regarder avec des yeux ronds quelques heures plus tard, me dire que je suis complètement à l'ouest et me demander ce que j'ai pris. Après que j'ai bégayé avoir juste bu un verre, ils m'ont demandé si je voulais rentrer chez moi. J'ai hoché la tête car j'avais du mal à parler, mon esprit était comme une immense boule de coton. L'adorable Midou de *Secret Story* 6 m'a ramenée en voiture, m'a aidée à ouvrir ma porte, m'a demandé si j'avais besoin de quoi que ce soit, puis est reparti sans même se voir proposer un verre d'eau en remerciement. Ça, je m'en souviens. En me réveillant, j'ai téléphoné à ceux qui étaient présents pour qu'on me raconte ma soirée et pour m'excuser si j'avais agi bizarrement. J'ai alors appris que j'étais toujours restée en présence d'autres candidats, donc qu'il ne m'était rien arrivé de grave et que Morgan s'était retrouvé dans la même situation que moi. Nous nous étions servis et avions quitté la table au même moment. Cette soirée a fini de me dégoûter du monde de la nuit.

À l'époque de ma sortie, il y avait deux bookeurs qui se partageaient les candidats sortants et la concurrence entre eux deux faisait rage. Si l'on allait chez l'un, on était blacklisté chez l'autre. J'ai connu les deux et ils étaient tous les deux ultra malhonnêtes. Le premier s'est vanté auprès de moi d'avoir reçu un appel de FX quelques jours avant son suicide. Il avait laissé un message, peut-être sous influence, peut-être trop intense, en demandant à être rappelé de façon urgente. Le bookeur me l'a fait écouter et m'a dit en riant :

– Tu te rends compte ? Je ne l'ai même pas rappelé, heureusement !

Je ne sais pas où il trouvait l'idée d'en rire. À sa place, j'aurais été hantée toute ma vie par cet appel manqué. Mais à nouveau, pour certains nous ne sommes que des candidats de téléréalité et ne méritons ni respect ni compassion. Même quand on meurt, ils rient. Le second bookeur se prenait pour un rappeur américain et se comportait comme un caïd du Bronx. Lorsqu'un troisième bookeur a tenté de se lancer et d'assainir ce business l'année suivante, en faisant créer des statuts d'auto-entrepreneurs aux candidats et en payant les soirées sur facture, le caïd du Bronx est allé le menacer avec une arme. Il lui a dit que c'était son business et qu'il ne le partagerait avec personne. Le troisième bookeur s'est retiré de la course.

Ensuite, j'ai découvert les joies de la presse people. J'ai eu le plaisir d'y lire des anecdotes, inventives certes, mais aussi totalement fausses sur moi, comme cet ancien candidat d'une autre émission qui racontait que nous avions passé une soirée ensemble et qu'il m'avait laissée ivre morte sur les quais de Seine, en me glissant un billet de cinquante euros dans le soutien-gorge. Je n'ai bien sûr jamais vu cet homme de ma vie, ni avant ni après *Secret Story*.

Un jour, une journaliste d'un de ces magazines m'a téléphoné pour me proposer une fausse paparazzade : 10 000 euros en cash pour faire semblant d'être en couple avec Zelko. Elle voulait qu'on aille en terrasse de café, qu'on s'embrasse et qu'on laisse un photographe faire des « photos volées ». Nous avons refusé car nous savions que c'était une route dangereuse. Une candidate de *Secret Story* 3 avait fait des paparazzades lors de sa sortie. Plus tard, les magazines people ont sorti des articles diffamatoires à son sujet. Lorsqu'elle les a attaqués, les juges ont constaté qu'elle avait un temps fait affaire avec la presse people et ont rejeté toutes ses demandes, considérant qu'elle ne pouvait pas profiter du système des faux scoops pour s'enrichir, puis se plaindre lorsque cela se retournait contre elle. Il n'y a plus de crédibilité possible après les paparazzades.

J'ai appris qu'il y avait une escort girl dans ma saison de *Secret Story*, qu'elle avait des liens avec des noms du grand banditisme français et que ce n'était pas la première année qu'on trouvait une escort dans *Secret Story*. En tout cas, cela s'est produit au moins dans les saisons 4, 5 et 6. Les casteurs savent que ces filles n'ont pas froid aux yeux et que cela va « dynamiser le jeu ».

À un moment, je me suis sentie un peu perdue par rapport à l'après et aux options qui s'offraient à moi. J'ai envoyé un texto à Rémi pour lui poser une question, en me disant qu'il connaissait ce milieu bien mieux que moi et pourrait m'éclairer. Il m'a répondu en trois mots : « C'est qui ? »

Enfin, j'ai eu rendez-vous avec quelqu'un qui travaillait pour une boîte de production réalisant des émissions de téléréalité pour NRJ 12. Je suis arrivée avec des concepts d'émissions que je voulais créer ou importer en France. Par exemple *Running in Heels* qui existe aux États-Unis et s'inspire du film *Le Diable s'habille en Prada*. Trois stagiaires travaillent dans un magazine de mode et la gagnante remporte un contrat pour travailler comme journaliste dans le magazine. J'ai commencé à expliquer mes idées à mon interlocuteur mais il m'a vite interrompue :

– Ah, mais Morgane, toi tu es juste une candidate de téléréalité. Ne cherche pas à être intelligente. On peut réfléchir pour raconter quelque chose autour d'une fausse grossesse ?

D'un avortement ? Mais il faut que ça croustille. Ça ne nous sert à rien, les candidats normaux et heureux dans leur vie.

J'ai alors compris que, dans cette industrie, on ne me laisserait jamais avoir une bonne image et faire des choses positives. Une fille qui fait de la téléréalité est censée être une poupée Barbie ou une diva caractérielle et il faut lutter contre vents et marées chaque fois qu'on veut sortir de ces cases prédéfinies. Je me suis dit : *OK, stop. Je ne suis pas là pour me faire rabaisser en permanence ou m'enfoncer dans des histoires glauques et des scandales.* J'ai décidé de rompre avec ce milieu et j'ai arrêté les plateaux télévisés chez NRJ 12 et Morandini. Et c'est ainsi qu'à vingt et un ans, après avoir été demi-finaliste de *Secret Story*, et après une seule mais très instructive expérience, j'ai pris ma retraite de la téléréalité.

Tout en prenant mes distances avec ce milieu, je l'ai étudié. Une question restait sans réponse : je ne comprenais pas le grand pourquoi de tout ce que j'avais vécu. Pourquoi se donner tant de mal à nous faire venir et à construire cette maison, si c'était pour nous y traiter avec aussi peu de considération et bidouiller le jeu tout au long de l'aventure ?

La réponse à toutes ces questions est simple : l'argent. Tout ceci n'est qu'un business. Un business qui rapporte extrêmement gros, mais pas de la façon dont on l'imagine.

Vous pensez peut-être, comme moi au départ, que TF1, en tant que diffuseur, gagne beaucoup d'argent grâce aux votes ? C'est un peu vrai, mais en réalité, les votes ne sont pas ce qui rapporte le plus d'argent à la chaîne. Ce qui rapporte vraiment gros, ce sont les recettes publicitaires.

Plongeons dans une réponse chiffrée à cette question : combien une saison de *Secret Story* rapportait-elle à TF1 ? Selon un rapport publié en 2011 par l'institut Yacast (société d'études et de technologie spécialisée dans la veille des médias audiovisuels), la saison 5 de *Secret Story* a engendré 51 800 000 euros de revenus publicitaires. Cette somme, qui n'inclut pas les gains issus des votes du public, est déjà colossale.

Le vrai but de TF1, ce n'est pas de créer un concours au mérite, au secret ou à la personnalité la plus incroyable. C'est de créer une émission qui leur permettra de générer cinquante minutes de contenu inédit par jour plus quatre-vingt-dix minutes pour les primes et de diffuser ça pendant quatorze semaines pour engranger un maximum de recettes publicitaires.

Dans le monde de la production, le coût de réalisation d'un programme est souvent calculé au prix par minute. Pour l'obtenir, on prend le coût global d'une production audiovisuelle, on le divise par le nombre de minutes et on obtient le coût par minute. Et voici l'astuce : le coût par minute d'une téléréalité est beaucoup moins élevé que le coût par minute d'un feuilleton ou d'un film. Premièrement parce que nous ne sommes pas payés comme des acteurs. Nous sommes payés comme intervenants, sur une base horaire de quarante-quatre heures par semaine alors que nous y sommes vingt-quatre heures sur vingt-quatre, donc cent soixante-huit heures par semaine. Une jurisprudence à ce sujet (cour d'appel de Versailles, chambre 6, arrêt Kabou du 19 février 2013) estime d'ailleurs que dans les téléréalités d'enfermement, le temps de présence devrait être calculé sur une base de seize heures (vingt-quatre heures moins huit heures de sommeil) par jour. Soit cent douze heures par semaine, avec une majoration en heures supplémentaires pour tout ce qui dépasse les quarante-quatre heures hebdomadaires.

Deuxièmement, une fois que la Maison est construite, le décor est établi. Ce n'est pas comme une série où il y aurait des tournages dans différents lieux (cafés, maison, bureaux, etc.) Il est extrêmement rentable pour une chaîne de diffuser un programme de téléréalité comme *Secret Story*, sous réserve qu'il fasse de l'audience, car cela leur permet de générer du contenu facilement, et donc des espaces publicitaires à la pelle pendant quatorze semaines.

Il faut reconnaître que des dizaines de millions en trois mois, c'est hyper rentable. Et au vu des sommes engrangées, je crois qu'il ne serait pas extravagant de nous donner au moins des draps propres une fois par mois dans la Maison.

La téléréalité ne vit au final que d'une chose : l'audience. Regarder un programme, c'est voter avec ses yeux. Ceux qui produisent ces émissions sont toujours en train de mesurer le nombre de téléspectateurs attirés et combien ils feront payer leurs espaces publicitaires. Voilà pourquoi, en choisissant d'accorder son attention à une émission plutôt qu'à une autre, même pour la condamner, on lui donne du pouvoir. Peu importe que certains regardent la téléréalité uniquement pour confirmer leur dégoût du programme. Ils sont comptés comme téléspectateurs captifs et vendus comme une paire d'yeux disponibles pendant la coupure pub, révulsés ou pas.

Avec le recul, je ne regrette pas d'avoir quitté ce milieu. Je connais des candidats qui ont participé à des saisons de *Secret Story* avant la mienne comme d'autres qui ont fait les suivantes. J'en connais aussi qui ont participé à d'autres émissions. J'ai parfois entendu mieux mais j'ai aussi entendu pire que ce que j'ai vécu, comme la tentative d'enlèvement de Maija, candidate à la saison 3 de *Secret Story*. Elle est racontée par Jean-Claude Elfassi dans le livre *Secret Story 3*[6], écrit en collaboration avec huit candidats de cette saison. Dès le lendemain de son élimination, Endemol expédie Maija chez elle à Vancouver, en l'empêchant d'entrer en contact avec les candidats précédemment sortis du jeu car ils préparent une action en justice groupée contre la production. Lorsqu'elle l'apprend, Maija réembarque dans un vol pour Paris. En arrivant à l'aéroport d'Orly, les agents de sécurité d'Endemol l'y attendent en compagnie de Catherine Comte, directrice générale adjointe de Virginie Calmels. De force, les vigiles l'attrapent et la font monter dans une voiture. Jean-Claude Elfassi est témoin de la scène, en compagnie d'Élise et de Romain, amis de Maija, tous deux également candidats de *Secret Story* 3. Ils étaient venus accueillir la Canadienne à sa demande. Romain parvient à prévenir une patrouille de police qui repère la voiture et libère Maija, retenue à l'intérieur contre son gré. Catherine Comte et l'agent de sécurité qui s'y trouvaient sont interpellés et emmenés au poste de la police de l'air et des frontières, pour être entendus comme témoins. Il n'y aura finalement pas d'arrestation ce soir-là, mais avant de repartir au Canada, Maija ne manquera pas de mandater une avocate pour qu'elle rédige une plainte pour enlèvement et séquestration.

En France, nous en sommes à au moins douze morts liées à la téléréalité. La plus récente est le suicide de Quentin Dehar, qui avait participé à *Tellement Vrai* sur NRJ 12 en 2014, puis à *Un dîner presque parfait* sur W9 en 2016, retrouvé sans vie après s'être pendu le 2 septembre 2019. Cité par *Le Nouvel Obs* dans un article du 24 novembre 2019, il s'était exprimé sur l'après-téléréalité : « Moi, ce que je reproche au groupe M6, c'est qu'on me propulse et on me

6 Élisabeth Fanger, avec Jean-Claude Elfassi, *Secret Story 3*, *op. cit.*

laisse ! Je n'arrive à joindre personne. Personne me répond. Heureusement que je travaille et que j'ai une famille soudée et un cadre de vie structuré. Mais des personnages comme moi qui buzzent d'un coup, c'est à finir comme Loana ou FX. » Dans un article publié sur CNEWS le 3 septembre 2019, on apprend qu'avant de se donner la mort, Quentin avait posté, en story Instagram, une capture d'écran d'une recherche Google qui stipulait « suicide FX » et avait ajouté les mots « Mon frère » sur l'image.

À l'étranger, les drames liés à la téléréalité sont également nombreux. Dernière affaire en date : un viol présumé en novembre 2017 dans l'émission *Gran Hermano* en Espagne, dérivée de *Big Brother*, dont est également tiré *Secret Story*.

Alors qu'elle était sous l'emprise de l'alcool et avait perdu connaissance, Carlota Prado est violée par un autre participant dans une chambre, sous l'œil des caméras. Le lendemain, le jeune homme est expulsé, le producteur exécutif se rend dans un commissariat pour signaler le crime et les images sont bannies de toute diffusion à l'antenne. Cependant, Endemol Shine Group convoque la jeune femme au Confessionnal pour lui montrer les images et lui demander d'y réagir. Dans une vidéo publiée par le média espagnol *El Confidencial*, on voit Carlota en larmes, supplier pour qu'on arrête de lui montrer son propre viol et qu'on la laisse sortir de la pièce. Avant de lui ouvrir la porte, une voix lui indique, *via* les haut-parleurs :

– Carlota, ce sujet, pour ton bien et celui de José Maria, ne doit pas sortir d'ici.

La participante sera ensuite placée dans un hôtel voisin pour une mise au vert avec encadrement psychologique avant de réintégrer la Maison et d'y rester soixante-huit jours.

Carlota finira par porter plainte pour viol auprès de la justice espagnole en 2018.

Si le viol présumé n'est pas imputable à la production, son incapacité à garantir la sécurité de Carlota dans une maison truffée de caméras et de micros soulève de nombreuses interrogations. Quand on enferme des gens dans une maison, avec d'autres personnes qui n'ont peut-être pas même passé un entretien psychologique sérieux, on a la responsabilité d'assurer leur sécurité.

Bilan et leçons apprises

Ils vécurent heureux et eurent beaucoup de fans. C'est le tableau idéal que certains aimeraient peindre de la sortie, mais la réalité est plus complexe. Comment se passe l'après ? Est-il difficile de gérer la médiatisation du jour au lendemain ? Disons que ce n'est pas inné et que cette notoriété nous arrive dessus comme un missile. La sortie, c'est un tourbillon de moments géniaux et déprimants en même temps, et tout survient très vite.

Ce qui est génial ? Le soir de la sortie, se retrouver sur un plateau de télévision, avec des gens qui applaudissent. Retrouver nos parents et nos anciens colocs dans une explosion de câlins et d'embrassades. Autre expérience unique : avoir un garde du corps pendant vingt-quatre heures. Même si c'est juste pour vingt-quatre heures, c'est excitant.

Ensuite, il y a l'incroyable découverte de la célébrité. On va dans la rue ou dans le métro et des gens nous reconnaissent. Ils voient notre tête, il y a un éclat dans leurs yeux et ils nous sourient et nous saluent parce qu'ils ont l'impression qu'ils ont de la chance de tomber sur nous. En soi, nous aussi nous avons de la chance de tomber sur eux et de rencontrer des gens sympathiques. Enfin, ça, c'est quand ils sont gentils, parce qu'il y a aussi des gens qui nous insultent, qui nous touchent ou qui nous prennent en photo avec leur portable sans même nous dire bonjour. Une fois, un garçon assis en face de moi dans le métro faisait tout son possible pour prendre une photo discrètement. Au dernier moment, le flash de son téléphone s'est déclenché. J'ai arrêté de faire semblant de ne pas le voir et je l'ai regardé en souriant. « Pardon. On peut faire une photo ? » J'ai ri et je lui ai dit que ça aurait été plus simple pour lui de me le demander dès le départ. Mais je ne regrette pas le spectacle dont j'ai bénéficié en le voyant remonter son téléphone au ralenti tout en me jetant des coups d'œil furtifs.

Notre notoriété soudaine se manifeste aussi sur Internet. On gagne des dizaines de milliers de followers sur les réseaux sociaux. Comme ça, d'un coup. À mon époque, c'était le début de Twitter et Instagram, mais aujourd'hui, c'est encore plus marqué et les candidats gagnent rapidement des centaines de milliers d'abonnés sur toutes leurs plateformes. Une audience qui peut ensuite être monétisée *via* des partenariats avec des marques et des placements de produits. Sur Internet comme à la télévision, à chacun de choisir les messages et les valeurs qu'il souhaite véhiculer.

Ce shoot de notoriété peut faire tourner la tête si on ne fait pas attention, mais IL FAUT garder les pieds sur terre autant que possible, car c'est une célébrité éphémère. La durée de vie médiatique d'un candidat est de quatre à six mois par téléréalité. Et même pendant cette période où l'on est censé être sommet de la vague, il y a des moments compliqués. La notoriété est une médaille à double face, avec des hauts très hauts et des bas très bas. Par exemple : on se lève, on va sur Twitter, il y a eu une image de nous dans une émission et hop, on a gagné 5 000 followers. On est content. Une heure après, un article parlant de nous paraît sur un site people, avec des propos hyper négatifs suivis de commentaires d'internautes qui feraient pleurer Dark Vador lui-même. Ça y est, on est triste. On sort acheter un sandwich à midi. Des gens nous reconnaissent dans la rue et sont heureux de prendre une photo avec nous. La joie revient. Arrivé dans la boulangerie, un groupe de jeunes nous voit et nous prend à partie : « Eh c'est la meuf de *Secret Story*, oh la bouffonne ! »

Tout le monde nous regarde. On sort, on est triste à nouveau. Et dans ce contexte où l'on est en haut, en bas, au top du top, puis au fond du trou, on peut avoir du mal à gérer ses émotions, même avec toute la méditation du monde. D'où l'attrait dangereux des boîtes de nuit et des soirées dans lesquelles on nous offre de l'alcool ou de la drogue, à la fois pour leur côté grisant et pour l'évasion qu'ils procurent. Certains deviennent même accros et ne supportent pas quand cela s'arrête.

En parallèle des bons côtés de la sortie, le tourbillon de l'après nous confronte à des moments beaucoup plus difficiles que ceux que je viens de décrire.

J'allais découvrir que ce type d'enfermement laisse des traces. Si la sortie physique de *Secret Story* se fait en trois secondes, psychologiquement, j'ai mis beaucoup plus de temps à m'en extraire. Pendant des mois, je n'arrivais plus à m'endormir sans somnifère parce que le soir je me disais : *Je ne peux pas dormir tant que j'ai pas fait mon interview au Confessionnal* et que j'avais des flash-back du jeu tout le temps. À partir du moment où je suis sortie de *Secret Story*, je n'ai pas eu mes règles pendant un an. Ma gynécologue m'a dit que c'était à cause du stress. J'ai entendu que c'était aussi arrivé à d'autres candidates. Les plaques rouges qui me démangeaient ont disparu rapidement, mais pas les dix kilogrammes que j'avais accumulés. Et encore, sur ce point-là, je m'en suis bien sortie car deux des quatre finalistes avaient pris plus de vingt kilos en quatorze semaines.

On n'est pas préparés à tout ça. On nous relâche dans la nature, épuisés physiquement et moralement, et on doit se débrouiller. Il y a bien la psychologue d'Endemol qui est censée faire un suivi, mais je n'avais plus aucune confiance en qui que ce soit lié à la production. Après avoir passé trois mois à faire confiance à des gens qui avaient essayé d'exploiter toutes mes failles contre moi, je ne croyais plus aucun d'entre eux. Donc, comme beaucoup de candidats, je n'ai pas eu de suivi psychologique.

À un moment, on sent que la notoriété s'essouffle. On nous reconnaît moins, on parle moins de nous, on intéresse moins de monde. Ce moment-là est éprouvant, même sans être un pur narcissique. Alors, si on veut que ça remonte, il faut refaire une téléréalité. Mais, comme je l'ai expliqué, il y a un prix à payer car les producteurs vont chercher comment faire du buzz sur notre image, la recette fétiche de certaines productions étant d'aller vers le scandale le plus rapide et le plus efficace ou de nous exposer toujours plus loin dans notre intimité. On nous filme jusqu'à l'os.

Personnellement, après avoir coupé les ponts avec ce milieu en arrêtant les émissions et les soirées en boîte de nuit, j'ai créé mon blog, ma chaîne YouTube, j'ai fait une école de journalisme, une école de théâtre et j'ai tracé ma route.

Je sais que certaines personnes considèrent que si l'on ne fait plus de téléréalité, on est « finis », mais parfois c'est un choix volontaire de ne pas continuer dans cette voie-là. On n'a pas forcément envie de se faire humilier en permanence.

J'en arrive à la question ultime. Celle qu'on m'a posée tant de fois au sujet de *Secret Story* : « Au final, tu regrettes ou pas ? » Le fait est que je ne peux pas répondre par oui ou par non. Tout ce que je peux dire, c'est que ce fut un mélange de moments extraordinaires et écœurants. Que ça m'a beaucoup apporté, mais que ça m'a aussi traumatisée.

J'ai appris qu'il ne fallait jamais rester sous l'emprise de gens psychologiquement abusifs. Et que dès que ça commence, il faut s'enfuir le plus loin possible, même si cela vient d'un employeur et qu'il semble impossible de rompre son contrat de travail, parce que ça ne fera qu'empirer.

J'ai découvert la douleur de savoir comment quelque chose s'est vraiment passé et de ne pas pouvoir rétablir la vérité. J'ai longtemps rêvé que toutes les images de toutes les caméras soient diffusées, et que le public sache enfin qui nous étions réellement et ce que nous avions vécu, mais j'ai accepté que ça n'arriverait jamais. Certains rushs sont de toute façon effacés avant même d'arriver jusqu'aux monteurs.

J'ai appris que même dans une situation malsaine, même quand tout part en vrille, on a le pouvoir ultime d'essayer de faire ce qui est juste. Peu importe si ça ne va pas tout arranger et si d'autres font un choix différent. Je ne dis pas que c'est facile, mais c'est la seule façon de vivre en paix avec soi-même.

Enfin, j'ai aussi appris que la seule façon de réparer quelqu'un de brisé, c'est de lui donner de l'amour. Sur ce point, je ne remercierai jamais assez ma famille et les gens qui ont été proches de moi. Ils m'ont donné leur amour jour après jour jusqu'à ce que je recommence à m'aimer moi-même. C'est grâce à eux que j'ai remonté la pente.

Il m'a fallu du temps pour parvenir à dissocier le positif du négatif. Pour arrêter de tourner en rond dans la colère et me concentrer sur ce que je pouvais en retenir d'instructif. Mais aujourd'hui, je pense y être parvenue. Ce fut une expérience profondément marquante, qui m'a révélé ma vraie nature, ma force intérieure, et m'a offert des souvenirs inoubliables. Pour toutes ces raisons, je ne peux pas dire que je regrette d'avoir participé.

Ce que je déplore assurément, en revanche, c'est le comportement abusif d'Endemol envers nous, leurs mauvais traitements et la cruauté qu'ils choisissent de véhiculer. On vit dans une société empoisonnée par les propos haineux sur les réseaux sociaux, par le harcèlement et les intimidations en ligne qui ruinent la vie des gens, par l'anxiété et les incivilités… Et on laisse des entreprises médiatiques immenses fabriquer des programmes aux pratiques dégradantes et donner plein d'exemples créatifs d'humiliations et de méchancetés.

À présent, je sais que lorsqu'il s'agit de téléréalité, parfois, le diable s'habille en prime time. Et si on le laisse débarquer en prime time, bien sûr qu'il va infiltrer différentes couches de la société. En particulier chez les spectateurs les plus jeunes. Il n'y a pas de programme qui soit « juste du divertissement ». Tous les programmes qu'on regarde infusent leurs valeurs dans nos esprits, qu'on en soit conscient ou pas. Je n'ai pas l'illusion que mon livre mettra un terme à toutes ces pratiques, mais je me dis qu'en les rendant plus visibles, les entreprises médiatiques qui les utilisent seront tenues de respecter des standards plus élevés.

Huit ans plus tard

Nous sommes en 2020. J'ai gardé contact avec plusieurs de mes anciens colocataires. Avec certains d'entre eux, nous organisons des dîners des anciens que nous appelons le « dîner des survivors » ou le « dîner des cas sociaux » selon notre humeur. Avec quelques variations en fonction des années, on a pu voir autour de la table Zarko, Zelko, Morgan, Simon, Juliette, Rudy, Sabrina et moi-même. Avec d'autres, nous échangeons des nouvelles par messages. J'aurai à vie un lien spécial avec chacun d'entre eux. Ils sont les seules personnes sur terre à avoir partagé cette expérience avec moi. Mais j'admets que dans ce groupe de magnifiques personnages, ceux dont je suis restée le plus proche sont Zelko, Zarko et Morgan.

Zelko a ouvert son propre restaurant à Enghien-les-Bains : Le Point commun. Un lieu que les gens adorent aussi bien pour son atmosphère que pour son menu. Il s'occupe surtout de la salle et de faire passer un bon moment à chaque tablée, mais quand ça lui prend, il attrape une poêle et prépare un plat sur un coup de folie. Il a désormais atteint un niveau supérieur dans sa connexion avec la nourriture : « Les aliments me parlent. Dans la soupe idéale, chaque légume est présent et représente tous ses potes. » Face au succès du restaurant, l'un des mieux notés et des plus fréquentés d'Enghien-les-Bains, des travaux d'agrandissement sont prévus en 2020.

Zarko, de son côté, a combiné son intelligence et son amour des plantes pour faire breveter un lampadaire urbain végétal révolutionnaire. C'est le Steve Jobs de l'urbanisme. Son invention allie des plantes grimpantes qui purifient l'air et réduisent la pollution sonore ainsi qu'une lumière LED conçue pour avoir une empreinte carbone neutre et une température respectueuse des animaux. En option, il est même possible d'y associer des nichoirs pour les oiseaux, des ruches ou des prises pour véhicules électriques. Plusieurs villes de France sont déjà intéressées par ce dispositif, qui sera commercialisé dès avril 2020 par Valmont Industries.

Morgan a continué le cheerleading, au point de devenir un athlète de haut niveau et de participer aux Championnats du monde avec son équipe. En parallèle, il est devenu expert dans la coiffure et accompagne des marques dans la création de gammes de soins, tout en sauvant la chevelure des gens autour de lui. Personne ne sait où il trouve l'énergie de bosser toute la semaine et d'aller faire des pirouettes et des flips arrière le week-end, mais les années se suivent et Morgan ne faiblit pas. Il est toujours là, avec son sourire et son énergie positive, à engloutir des repas monstrueux sans jamais prendre un gramme, sous nos yeux de mortels dépassés.

Quant à moi, je me suis reconstruite. J'ai créé un blog avec une ligne éditoriale éco-responsable que j'ai tenu pendant sept ans. Comme un clin d'œil du destin, j'ai reçu un prix pour celui-ci en 2016, décerné conjointement par TF1 et l'agence Labcom. En fait, je me dis aujourd'hui que si j'avais eu à choisir entre aller en finale et le prix pour le blog, j'aurais choisi le prix pour le blog car c'est une création dans laquelle j'ai pu exprimer bien mieux qui j'étais et ce que je voulais transmettre. Ce n'est peut-être donc pas si mal que TF1 m'ait davantage reconnue pour mes talents d'écriture que pour ceux de candidate dans *Secret Story*. Cela n'enlève rien au fait que je me sois battue corps et âme pour aller en finale à l'époque et que j'aurais bien entendu rêvé de valider ma splendide cagnotte de 60 000 euros, mais c'était peut-être un message de l'univers pour me dire que ce n'était pas la bonne voie pour moi.

Après l'école de journalisme, j'ai enchaîné sur une école de théâtre pendant quatre ans. Je voulais explorer toutes les facettes de l'humain. J'y ai vécu des moments fabuleux et cela m'a donné assez d'assurance pour cocréer une web-série avec Juliette, qui était avec moi dans la Maison. Après deux ans de collaboration sur ce projet, nous avons choisi de poursuivre des chemins différents, mais ce fut également une belle aventure.

En ce qui concerne mes projets professionnels aujourd'hui, j'ai déménagé à Los Angeles ! Mon rêve absolu étant d'être scénariste, je me suis dit qu'il n'y avait pas mieux qu'Hollywood pour le réaliser. Pour le moment, je travaille comme consultante sur la création et l'analyse de formats audiovisuels pour une agence ayant des clients comme YouTube, Apple ou encore Amazon, et j'adore ça. J'ai découvert que j'aimais autant être devant la caméra que derrière. Les deux sont excitants à différents niveaux. Et comme je ne tiens pas en place, je continue à développer des projets personnels sur mon temps libre, à poster des vidéos sur ma chaîne YouTube ou à écrire des articles en tant que journaliste freelance. Celui dont je suis le plus fière a été publié sur le site web de *Glamour* et analysait comment Netflix cassait les codes de la téléréalité classique en créant des programmes comme *Queer Eye* basés sur la solidarité. Car oui, il est possible de produire des émissions qui font de l'audience et diffusent des messages positifs.

Cette expérience de la téléréalité m'a fait comprendre l'impact immense qu'on a quand on peut toucher des millions de gens. Certains l'exploitent uniquement pour le profit, sans se soucier des messages véhiculés, et à mon humble niveau, j'essaie de l'exploiter un peu mieux. On peut faire passer de belles valeurs quand on a la chance de s'adresser au grand public. J'espère avoir l'occasion de créer des œuvres qui feront du bien aux gens, parce qu'après avoir été confrontée à la vision du monde selon Endemol, j'ai besoin de créer quelque chose de meilleur. L'avenir nous dira si j'y arrive, en tout cas c'est à moi de travailler pour.

Ce qui est drôle, c'est qu'à Los Angeles je reçois parfois des conseils de gens qui me mettent en garde contre les paillettes d'Hollywood. Je leur réponds avec un grand sourire : « Ne vous inquiétez pas, j'ai suivi une formation intensive en show-business. »

Tout en traçant ma propre route et en me reconstruisant, je me suis fait la promesse de partager cette expérience avec le public une fois que ma clause de confidentialité serait terminée. D'une part, pour les jeunes qui croient qu'il suffit de faire une téléréalité pour devenir riches et célèbres et qui rêvent de ça. Et d'autre part, pour tous les spectateurs qui ont accordé leur temps et leur énergie à ces programmes. Ce sont eux qui rapportent des millions et qu'on prend pour des imbéciles. Pour qu'ils sachent ce qui se passe dans les coulisses et ce qu'on pense d'eux.

Je tiens à expliquer pourquoi j'ai raconté certains de nos pires comportements : pas pour me venger ni pour dégrader les autres candidats – l'expérience a été suffisamment éprouvante pour tout le monde et je n'ai pas cité de nom quand ce n'était pas nécessaire – mais pour montrer à quel point les conditions de vie et la pression nous affectaient. J'ai raconté les moments de faiblesse des autres mais je me suis aussi incluse en parlant de mes pensées violentes.

Ce livre est indéniablement écrit de mon point de vue. Je raconte l'histoire à travers mes yeux et mon vécu. Il y a des éléments objectifs, notamment sur les conditions de vie, et d'autres plus subjectifs, comme mes ressentis et mes conclusions sur la téléréalité. Ce témoignage ne vaut que pour moi et que pour ce qui s'est passé dans *Secret Story* en 2011. Je ne peux pas et ne veux pas parler au nom des autres candidats de ma saison. Je sais que certains sont très contents que je m'exprime sur le sujet et sont d'accord avec moi, et je sais aussi que d'autres l'ont mieux vécu et me trouvent dure envers la production. Nous n'avions pas tous les mêmes raisons de participer à l'émission ni les mêmes attentes, et nous n'avons pas tous été traités de la même manière selon les intentions de la production et notre durée de vie dans le jeu.

En ce qui me concerne, j'ai passé des années à guérir et à développer ma voix, pour pouvoir porter ce message un jour : le message que selon moi, la téléréalité est un milieu malsain qui détruit et corrompt au-delà de ce qu'on imagine. Mais la chose la plus importante à mes yeux, c'est toujours de dire à mon père que je l'aime et que je l'admire.

Je défendrai sans relâche le droit des familles LGBT à exister, à s'aimer et à se disputer comme toutes les autres familles. Il y a des gens qui souffrent d'être LGBT et de recevoir des regards haineux. Qui n'osent pas en parler car ils ont peur de perdre l'amour et l'estime de leurs proches ou, pire, de subir des représailles. Si vous êtes dans ce cas, sachez que vous n'êtes pas seuls et qu'il n'y a absolument rien qui cloche chez vous. Dans l'hypothèse où vous ne vous sentiriez pas acceptés dans votre environnement, essayez de déménager dans une grande ville. Vous y verrez plus de diversité et vous sentirez moins à part. Vous avez le droit au bonheur, au mariage et aux enfants au même titre que les hétéros, dont je fais partie. Quand mon père a fait son coming out, je me suis brièvement dit *OK, maintenant, si je veux, je peux être lesbienne*, mais comme toute personne sensée et sensible le sait, ce n'est pas un choix, c'est ce que l'on ressent. Allez savoir pourquoi certains conservateurs s'expriment sur ce qui se passe dans l'intimité des couples LGBT ? On ne leur a pas demandé de participer. Ils doivent fortement s'ennuyer dans leur propre intimité pour passer tant de temps à s'occuper de celle des autres. Laissons-les dans leur coin autant que possible. Ils ont des peurs qu'ils projettent sur les autres et c'est à eux de les surmonter. Continuons à faire la fête de notre côté de l'arc-en-ciel pour leur montrer que tout va bien et que cette peur n'a pas lieu d'être. Peut-être qu'un jour, ils comprendront.

En tant qu'enfant issue d'une famille avec une composante LGBT, je me considère privilégiée d'avoir grandi dans un environnement spécial.

À mes deux parents qui s'appellent Brigitte : merci d'avoir toujours rendu le monde intéressant et amusant, de m'avoir élevée avec l'esprit ouvert et de m'avoir donné un exemple de liberté extraordinaire. Merci de m'avoir transmis des principes inaliénables. Merci pour la force et l'amour que vous avez fait couler dans mes veines, qui me permettent de faire confiance à l'univers comme de survivre en cas de revers. Oui, merci pour cette vie exceptionnelle et heureuse. Je vous aime tous les jours, dans tous les vêtements possibles et dans tous les genres possibles. Au jeu de la force morale, du courage et de l'amour inconditionnel, nous avons gagné.

Composition et mise en pages
Nord Compo à Villeneuve-d'Ascq